W0417999

RETOUR À PESHAWAR

RENAUD GIRARD

RETOUR À PESHAWAR

BERNARD GRASSET
PARIS

Photo de couverture : © Éric Girard.
Photo de quatrième de couverture : © Paul Assaker.

ISBN 978-2-246-76551-6

Tous droits de traduction, de reproduction et d'adaptation réservés pour tous pays.

© *Éditions Grasset & Fasquelle, 2010.*

À mon père, Augustin Girard, qui m'a transmis sa passion pour les journaux et pour la langue française.

Carte politique de l'Afghanistan

Ligne Durand : du nom de sir Mortimer Durand (1850-1924), administrateur colonial britannique qui négocia en 1893 avec l'émir d'Afghanistan Abdur Rahman le tracé de la frontière entre l'Empire britannique et le Royaume d'Afghanistan. En droit international, la ligne Durand est considérée comme la frontière entre l'Afghanistan et le Pakistan.

CHAPITRE 1

Retour à Peshawar

Un reportage, c'est toujours quelque chose qui va crescendo.

Celui-là commence avec la sonnerie de mon portable enfoui dans ma poche, alors que je me promène au jardin du Luxembourg. Qui peut bien m'avoir laissé un message ce dimanche, en fin de matinée ? C'est la responsable du desk Etranger. Elle sort d'un comité de rédaction, où le patron du journal a demandé que je me rende au plus vite au Pakistan. Quatre jours auparavant, le mercredi 26 novembre 2008, Bombay a été victime d'un raid terroriste venu de mer, ayant fait 170 morts. Un des attaquants a été pris vivant par la police indienne. C'est un Pakistanais.

Le terroriste a avoué appartenir au Lashkar-e-Taiba (« les Soldats de la Pureté »), une organisation islamiste cachemirie. Pendant les années 90, les militants du Lashkar furent secrètement entraînés et financés par l'ISI (Inter Services Intelligence, services secrets de l'armée pakistanaise), pour aller fomenter l'insurrection musulmane dans la partie indienne du Cachemire. En 2002, sous la pression des Etats-Unis, le général Moucharraf, le dictateur militaire pakistanais de l'époque, dissout tous les mouvements cachemiris prônant la lutte armée contre l'Inde. Mais il les a laissés se reconstituer discrètement à partir de 2005, après que Delhi eut refusé les offres d'ouverture d'Islamabad.

L'attaque terroriste de Bombay a immédiatement un énorme impact. Les écrans de télévision du monde entier montrent les flammes qui sortent du Taj Mahal, l'hôtel de luxe le plus célèbre du pays, ainsi que la contre-attaque un peu cafouilleuse des forces spéciales indiennes. Interviewés par les caméras de la BBC, les citoyens de Bombay réclament que leur pays fasse la guerre au Pakistan. La secrétaire d'Etat américaine se précipite à Delhi puis à Islamabad, pour calmer le jeu entre les deux puissances militaires nucléaires d'Asie du Sud.

Washington veut à tout prix éviter la réédition du scénario de décembre 2001 où, après une attaque du parlement de Delhi par un commando du Lashkar, on avait été à deux doigts d'une nouvelle guerre indo-pakistanaise. La diplomatie américaine réussit : les Indiens ne déplacent aucune troupe vers la frontière ; les Pakistanais peuvent maintenir leur armée sur le front ouest, qui est celui du combat antitaliban dans les zones tribales frontalières de l'Afghanistan.

Mais quand le patron du *Figaro* décide de m'envoyer dans la région, la tension est encore à son comble. La fin du dimanche, je la consacre à me préparer psychologiquement et intellectuellement à ce nouveau départ vers l'inconnu. Le choc est d'autant plus rude que, saturé de voyages en avion, je venais tout juste de me mettre en roue libre. J'avais enchaîné coup sur coup trois reportages très différents : un saut à Damas pour aller rencontrer Khaled Mechaal, le chef politique du Hamas, principal parti islamiste palestinien, inscrit sur la liste des mouvements terroristes par les

Etats-Unis et l'Union européenne ; un road-trip de six semaines, à sillonner l'Amérique en campagne électorale ; un reportage au Liban, pays à peine sorti des risques de guerre civile du mois de mai 2008 et curieusement totalement épargné par la crise financière mondiale (car le directeur de la Banque centrale avait interdit à toutes les banques libanaises la détention des produits dérivés). Ce dimanche était le premier que je passais chez moi depuis plus de deux mois… Je savais cependant que le lendemain matin, à la première heure, je me rendrais à l'ambassade du Pakistan, pour m'y faire établir un visa.

*

* *

Lorsque je pénètre dans ce grand hôtel particulier un peu désuet de la rue Lord-Byron, près de l'Etoile, je me sens déjà dans l'ambiance. Strictement rien n'a changé dans le vaste bureau de l'attaché de presse aux persiennes toujours fermées. Même cérémonie du thé, mêmes questions posées de manière toujours aimable, mêmes formulaires à remplir. Les images de mon premier voyage en 1986, avec mon cousin Eric, médecin baroudeur, me reviennent en foule.

Nous étions directement arrivés à l'aéroport de Peshawar, où malgré une cohue indescriptible, les hôtes qui nous attendaient – guidés par Daoud Mir, jeune Afghan étudiant à Paris que j'avais recruté préalablement comme fixeur-interprète – nous avaient immédiatement repérés, déjà inondés de sueur, le sac à dos sur les épaules. C'étaient les membres du groupe de moudjahidine (appartenant au même parti de résistance antisoviétique que celui d'Ahmed Shah Massoud) avec lesquels nous devions partir clandestinement pour l'Afghanistan. Eric et moi débarquions atteints d'une intense paranoïa : combien d'espions travaillant pour les Russes se cachaient dans cette foule d'hommes en chalwar-kamis ? Quelques mois auparavant, un journaliste de la télévision française, Jacques Abouchar, s'était fait attraper dans une vallée afghane par une patrouille de l'Armée rouge, puis envoyer au cachot à Kaboul et condamner à des années de prison. Il avait fini par être relâché, mais l'ambassadeur d'URSS en Afghanistan avait prévenu : pour le prochain journaliste qui se ferait prendre à accompagner clandestinement un groupe de « rebelles » au combat, la sentence serait le peloton d'exécution…

Nos hôtes nous emmenèrent immédiatement au bazar, pour nous acheter la tenue locale qui convenait le mieux pour notre future expédition : le chalwar-kamis (sorte de pyjama à chemise très longue), le pakol (bonnet de laine ourlé popularisé par Massoud), et le patou, sorte de châle pour couvrir les épaules lorsque, le soir venu, le frais gagnerait nos gîtes de montagne à la belle étoile. De Paris, nous avions emmené des colliers anti-puces pour chien, que nous glissâmes dans la ceinture du chalwar : technique que nous avaient conseillée des amis de MSF, pour éviter d'être démangés lors des haltes dans les tchaïkhanas (maisons de thé rudimentaires).

En attendant que l'attaché de presse revienne de sa visite à son collègue le consul, je finis mon thé et d'autres images de ce premier voyage d'août 1986 m'assaillent : notre refoulement par les gardes-frontières pakistanais, avec qui la ruse de me présenter comme un Nouristani muet n'avait pas marché (ruse destinée à expliquer mes yeux bleus, mes cheveux blonds, mon ignorance de la langue). Je revois aussi notre passage, la nuit, à travers une rivière avec de l'eau glacée jusqu'au cou, portant notre sac à dos sur la tête, telles des femmes africaines.

Nos interminables discussions avec les maquignons des zones tribales pour négocier au mieux l'achat de nos trois chevaux. Notre éblouissement devant les premières caravanes de dromadaires, chargées de farine, de sucre, d'huile et d'obus de mortier, que nous rencontrâmes. Les chasseurs-bombardiers Sukhoï qui tournoyaient dans le ciel et que nous suivions toujours du coin de l'œil, prêts à courir nous aplatir au fond d'un canal d'irrigation au cas où ils piqueraient sur nous. Les délicieuses galettes de pain que les moudjahidine cuisaient chaque soir après l'appel à la prière, chanté face à La Mecque par un combattant, différent à chaque coucher du soleil.

Vingt-trois ans plus tard, je revis tout cela, à moitié assoupi sur ce fauteuil d'ambassade.

*

* *

Je sors de mon rêve lorsque le diplomate pakistanais revient à son bureau. Sérieuse déconvenue, le visa porte la mention « *Islamabad, Lahore and Karachi only* ». Je comprends que deux provinces, sur les quatre que comprend le

Pakistan, me sont interdites. Pas de voyage autorisé au Balouchistan (capitale Quetta) ou à la North West Frontier Province (capitale Peshawar) : ces deux immenses provinces frontalières de l'Afghanistan, que j'avais connues calmes et accueillantes, sont désormais infestées de talibans, décidés à prendre en otage tout Occidental qui leur tombera sous la main. Des dépêches diplomatiques et journalistiques concordantes disent que le mollah Omar, chef tout-puissant de l'« Emirat islamique d'Afghanistan » de 1996 à 2001, réside tranquillement dans une lointaine banlieue de Quetta, protégé – et surveillé – par ses officiers traitants de l'ISI.

J'arrive à Islamabad, par vol direct, sans alcool, de la PIA, dans la matinée du samedi 6 décembre 2008. M'attend à l'aéroport mon ami pakistanais Mian, le fixeur auquel j'avais eu recours onze mois plus tôt pour couvrir l'assassinat de Benazir Bhutto (vraisemblablement perpétré par les talibans des zones tribales pakistanaises inféodés au cheikh Baitullah Mehsud). Pour qualifier un guide-interprète, les journalistes français utilisent, depuis une vingtaine d'années, le terme anglo-saxon de « *fixer* ».

Nous fonçons tout de suite vers l'un des innombrables bazars de la capitale, pour m'acheter un portable pakistanais. Puis nous allons à mon nouvel hôtel, le Serena, puisque le Marriott, l'établissement où j'avais mes habitudes depuis les années 80, a entièrement brûlé dans un attentat-suicide monstre, quelques mois auparavant. Nous déjeunons dehors sur la pelouse, dans l'air ensoleillé et délicieux de l'hiver pakistanais. Mauvaise nouvelle : mon fixeur m'annonce qu'il ne pourra pas travailler avec moi les prochains jours, car il s'apprête à partir à la campagne fêter l'Aïd (grande fête commémorant le sacrifice d'Abraham) en famille, dans son village natal. Je réalise que je suis dans la situation d'un journaliste chinois qui arriverait l'avant-veille de Noël à Paris pour couvrir un problème de politique intérieure française. J'appelle au ministère de l'Information la personne dont l'attaché de presse de la rue Lord-Byron m'avait donné les coordonnées : je tombe sur une charmante voix féminine, elle me recevra volontiers dans huit jours, juste après les fêtes, pour examiner avec moi les moyens d'obtenir une autorisation spéciale pour me rendre à Peshawar. « Vous l'obtiendrez très probablement dans un délai inférieur à six semaines », me précise-t-elle... Même fin de non-recevoir courtoise chez le porte-parole de l'armée pakistanaise, que je parviens à joindre sur son portable après dix tentatives infructueuses. Ah, les charmes de la bureaucratie d'Islamabad ! Les médias du monde entier ne parlent que du danger d'une nouvelle guerre avec l'Inde (après celles de 1956, de 1965, de 1971 et de 2002), mais les responsables du ministère de l'Information ou de l'état-major sont indisponibles, car tout à leur préparation de l'Aïd... Il est vrai que, grâce au succès de la diplomatie éclair de la navette de Condoleezza Rice, la tension indo-pakistanaise vient de baisser d'un cran. Plus de peur que de mal.

*

* *

Il me faut donc changer mon fusil d'épaule. Le sujet de ce voyage devient « La troisième guerre », celle dont on ne parle pas. La première est évidemment celle d'Irak, la seconde celle d'Afghanistan, et la troisième – qui a déjà fait plus de 2 000 morts dans les rangs des forces pakistanaises – est celle des zones tribales pakistanaises frontalières de l'Afghanistan, où le gouvernement d'Islamabad a perdu tout contrôle.

Dans ce nouveau « grand jeu » afghan, quelle est au juste la stratégie à court, moyen et long terme de l'armée pakistanaise, qui est la seule institution solide du pays, et la seule à incarner depuis les années 50 la réelle destinée de cette nation composite ? A court terme, il est évident que l'armée ne peut se permettre d'être défiée par une opposition armée islamiste dans les zones tribales, et encore moins dans la vallée de Swat, située à moins de 100 kilomètres de la capitale, Islamabad. Toute l'aide, en argent, en matériel, en formation, qu'elle pourra obtenir des Etats-Unis, elle la prendra sans état d'âme. Toujours à court terme, les intérêts des Américains et des Pakistanais ne sont pas divergents. A moyen et long terme, c'est autre chose. L'armée a toujours considéré que le destin de l'Afghanistan était de donner une « profondeur stratégique » au Pakistan. L'état-major de l'armée pakistanaise a une peur obsessionnelle d'une implantation indienne en Afghanistan, qui aurait, selon lui, pour résultat un encerclement du Pakistan par son ennemi traditionnel. Les Pakistanais redoutent le scénario suivant : départ prochain des Américains d'Afghanistan parallèlement à l'établissement d'un partenariat stratégique entre les Etats-Unis et l'Inde, dirigé bien sûr contre la

Chine. Or cette dernière a toujours été un allié indéfectible du Pakistan – jusqu'à lui livrer, dans les années 80 et 90, certains secrets nucléaires, qui ont été très utiles dans la fabrication de la première bombe atomique du monde musulman. L'armée pakistanaise n'a donc aucun appétit naturel pour combattre les talibans afghans, ses anciens partenaires, qui restent à ses yeux une carte pouvant être abattue dans le futur. Entre un Afghanistan moderne mais allié de l'Inde et un Afghanistan arriéré aux mains des talibans, Islamabad choisira toujours la deuxième solution. Voici pourquoi l'armée pakistanaise combat les talibans de la tribu des Mehsud dans le Sud-Waziristan, mais ménage le réseau Haqqani contrôlant le Nord-Waziristan. La famille des Haqqani entretint, du temps de la lutte contre les Soviétiques, des relations extrêmement proches à la fois avec l'ISI, Oussama Ben Laden et les Américains (et notamment le fameux *Congressman* Charlie Wilson). Jallaludin Haqqani exerça, pour le compte des talibans, les fonctions de gouverneur de la région nord de Kaboul en 1996 et 1997 (où il se fit remarquer par une épuration ethnique impitoyable contre les Tadjiks), puis celles de « ministre des Affaires tribales et des Frontières » de l'Emirat islamique d'Afghanistan.

Ce Pachtoune à longue barbe blanche – à qui le président afghan Karzaï aurait récemment offert le poste de Premier ministre – ne s'en est jamais pris à l'armée pakistanaise : il est donc ménagé, comme « gardé en réserve de la République islamique ». Dans ces conditions, je me dis que la guerre que je pourrais voir ici sera tout sauf claire... Je demande à Mian s'il peut me donner le nom de confrères pakistanais bons connaisseurs des zones tribales et du mouvement taliban pakistanais. Il me donnera trois noms. Les portables des deux premiers ne répondent pas. Le troisième, un certain Kamal, reporter en ourdou (la langue nationale du Pakistan, très proche de l'hindi) pour une petite chaîne de télévision privée, répond. Rendez-vous est pris pour 18 heures à l'hôtel. Toujours personne à 19 heures. Portable sur répondeur. Le type ne semble pas fiable. Je dis à Mian qu'il peut partir, lui souhaite de bonnes vacances, et me dis que j'ai besoin d'une bonne douche et d'un peu de repos, avant mon dîner du soir avec un ami, jeune diplomate à l'ambassade de France. Dans le hall, je tombe sur la correspondante tenant la rubrique défense de la radio publique américaine NPR, avec qui je prends un thé et échange différentes idées de reportage possibles. A 20 heures, je suis sous la douche, lorsque mon portable pakistanais sonne. C'est Kamal. Je commence à lui passer un savon, à lui expliquer qu'« un rendez-vous, c'est un rendez-vous ; on ne peut pas travailler sans un minimum de rigueur, etc. » ; puis je me ravise, me disant que ça ne sert à rien de vouloir faire son éducation, qu'il peut sans doute m'être utile, malgré son manque apparent de fiabilité ; j'adoucis le ton, et lui donne rendez-vous pour le lendemain à l'hôtel à 11 heures. Grand bien m'en a pris.

Le lendemain matin, dans la salle du petit-déjeuner du Serena, la journaliste de NPR me signale qu'il y a eu, peu avant l'aube, une attaque de talibans contre un dépôt logistique de l'Otan à Peshawar, où une centaine de véhicules et containers américains ont été détruits.

« Il faut aller voir ! T'es partante ?

— Désolée, mais j'ai un rendez-vous à déjeuner avec un analyste militaire canadien… »

Même type de réponse négative de la part des trois autres journalistes anglo-saxons présents au Serena, que je sollicite, car j'ai peur de me rendre seul là-bas. Je monte dans ma chambre, allume la télévision sur une chaîne pakistanaise d'informations en continu. Les premières images sont arrivées : les destructions semblent considérables. Je n'ai plus aucun doute : il me faut aller au plus vite à Peshawar. Peu importe si mon visa me l'interdit. L'histoire est « trop grosse », comme on le dit dans notre jargon.

A 11 heures, Kamal, un turban blanc sur la tête, frappe à la porte de ma vaste chambre d'angle du Serena :

« *Salam aleikoum.* Je suis Kamal. Mais avant de parler avec vous, puis-je faire ma prière ? »

Ayant pris la résolution d'être aimable avec lui, je lui réponds :

« Je vous en prie, faites comme chez vous ! Mais d'abord une question : êtes-vous prêt à m'emmener à Peshawar sur les lieux de l'attaque ?

— Aucun problème. Je connais la ville comme ma poche, j'y ai fait toutes mes études... »

Il se rue dans la salle de bains, pour faire ses ablutions, mettant de l'eau partout. Puis, agenouillé sur la moquette, il se prosterne face à La Mecque. Est-il si pieux que sa prière ne pouvait attendre ? Cherche-t-il à me mettre en condition ? Assis sur un fauteuil, ouvrant un journal pour me donner une contenance, je ne pipe mot, attendant que ça se passe.

Puis je me dis qu'un minimum de prudence s'impose. J'appelle mon ami français de l'ambassade pour lui dire que je vais aller à Peshawar, et lui transmets toutes les coordonnées de mon nouveau fixeur ainsi que celles du journaliste qui me l'a présenté.

Originaire de Razmek, une bourgade de montagne du Waziristan où la police pakistanaise ne met jamais les pieds, Kamal me dit qu'il pense connaître le chef du groupe de talibans qui a fait le coup.

Le moment est venu de discuter avec le fixeur de son tarif. Il demande 400 dollars pour la journée, plus les frais. Je me dis – naïvement ? – que ce montant élevé est plutôt bon signe, que s'il me demande beaucoup au départ, c'est qu'il ne doit pas avoir l'intention de me vendre à l'arrivée comme otage, pour cent fois plus…

Mais pour éviter que toute tentation ne germe dans sa tête, je lui précise avec un grand sourire que je viens de transmettre toutes ses coordonnées à l'ambassade de France, « au cas où par malheur nous aurions un accident de voiture sur la route… ».

Je fourre dans un petit sac à dos un pull, un bonnet de laine, une bouteille d'eau, une carte du Pakistan éditée en Allemagne (ce sont les plus fiables sur la région), mon ordinateur, et nous voilà partis. Devant l'ascenseur, je suis soudain pris d'un doute ; d'un très gros doute.

« T'es pas en train de faire une énorme connerie, là ? » me dis-je en silence.

Je me tourne vers le fixeur :

« *Tell me, Kamal, are you reliable ?*

— *You know, only God is really reliable !* » répond-il laconiquement, levant les yeux au ciel.

Ce court échange ne me rassure pas du tout, mais vraiment pas du tout…

*

* *

Nous voilà maintenant, Kamal et moi, roulant vers l'ouest, sur la grande avenue longeant le siège discret de l'ISI. Sa voiture est minuscule et extrêmement délabrée. Tant mieux : jamais les flics pakistanais ne pourront imaginer qu'elle transporte un Européen. Mais une sorte de peur panique commence à me nouer l'estomac. Alors je ne me retiens plus. Je saisis au col Kamal, assis à ma droite, qui conduit et lui lance :

« *Kamal, watch me in the eyes, and tell me if you are reliable or not !* »

Il met quinze bonnes secondes avant de daigner enfin me regarder droit dans les yeux et de lâcher un calme : « *Yes...*

— *Ok, let's roll !* »

Ma peur s'est envolée. Je suis soudain envahi de bonne humeur. Kamal et moi commençons à discuter géographie. L'ambiance se détend. Il me parle de sa famille. Une épouse et deux enfants d'âge scolaire à Islamabad. Une autre toute jeune femme, qu'il vient d'épouser, dans son village natal du Waziristan. Bref, un pied côté gouvernemental, et un pied côté zone tribale infestée de talibans. L'équilibre parfait pour un fixeur dans cette région... Puis nous passons à la politique, c'est-à-dire à la guerre, qui le passionne. Il me détaille les récentes attaques contre les convois logistiques de l'Otan vers l'Afghanistan empruntant, depuis le port géant de Karachi, la route qui monte en lacet vers la célèbre passe de Khyber, traversant ces zones tribales devenues si dangereuses vers l'Afghanistan. Il est si précis, que je sors mon carnet et prends le plus de notes possible, malgré les cahots.

Il n'a pas son pareil pour contourner les barrages de l'armée pakistanaise en empruntant les ruelles les plus improbables.

Une prière et 250 kilomètres plus tard, nous voici enfin arrivés à Peshawar, où nous retrouvons deux journalistes locaux, amis de Kamal, militants dans le même syndicat.

*

* *

Sur la *Ring Road*, le périphérique local à six voies, la circulation est encore relativement intense, avec son mélange de camions peinturlurés, de 4×4 à verres fumés, d'antiques rickshaws, et de camionnettes défoncées transportant les moutons vivants qui seront tués mardi pour la fête de l'Aïd-al-Adha, commémorant le sacrifice d'Abraham.

La scène a quelque chose d'hallucinant. On se croirait dans un rêve, ou plutôt dans un cauchemar. Il est 18 heures, la nuit vient de tomber sur la populeuse capitale de la province du Nord-Ouest, que jouxtent les zones tribales pakistanaises. Kamal arrête la voiture devant un portail. La pancarte indique « Port World Logistics ». Pas un chat. Pas de lumière dans la loge du gardien : nos nouveaux amis nous apprennent qu'il a été égorgé par les talibans ce matin même, peu après 3 heures. Derrière, une large colonne de fumée, faiblement éclairée par la lumière blafarde d'un lointain projecteur. Partout, des véhicules calcinés. Il y a surtout des camions porte-containers, mais aussi des Hum-vee, ces nouveaux véhicules de liaison tout-terrain de l'armée américaine, apparus lors de la deuxième guerre d'Irak. Des dizaines et des dizaines de camions brûlés. A 300 mètres, on distingue les lumières d'une station-service d'Attack, l'une des compagnies pétrolières privées du Pakistan. Rutilante avec ses pompes à essence neuves, elle est intacte. Les quatre hommes du personnel sont là, en chalwar-kamis, bonnet de prière ou pakol afghan sur la tête, buvant leur thé, accroupis autour d'un brasero. Sur leur parking, trône la carcasse calcinée d'un camion pakistanais immatriculé au Balouchistan. Son container en acier noir a été visiblement épargné par les flammes. Il porte le seau officiel de l'« American Bureau of Shipping », avec l'aigle et la foudre, symboles de l'armée américaine. En lettres blanches, est également peint son numéro d'immatriculation : APHU 6636167 4561. Sur le même côté de cet énorme container, il y a une affiche de papier blanc, collée avec du ruban adhésif. Y est écrit, en caractères machine noirs : « *Case Designator B6-B-FAY* ». Sur une deuxième affiche, est écrit : « *These items are allocated for the Afghan National Army* ». En contrebas de la station-service, on distingue encore des rangées de porte-containers calcinés. Le feu a détruit l'intégralité des biens du camp logistique Al-Faisal. Le personnel de la station-service nous raconte l'attaque. Equipés de lance-roquettes et de fusils d'assaut, les talibans sont arrivés à 400 vers 3 heures du matin. Ils ont bloqué le *Ring Road* de part et d'autre du camp Al Faisal et du « Port World Logistics ». Les hommes de la station-service ont aussitôt fui. Finalement, les talibans ne volent strictement rien, pas même un bidon d'huile. Ils incendient les camions un à un en prenant tout leur temps. Une fois leur coup terminé, ils disparaissent dans la nature.

Ce qu'il y a d'extraordinaire, c'est qu'il n'y a pas le moindre pompier, le moindre policier, le moindre soldat dans les environs. « Tout le monde a beaucoup trop peur », nous expliquent les deux journalistes locaux qui nous guident, me reprochant amicalement ma veste de tweed, mon gilet bordeaux, mon pantalon de velours, et ma cravate « *much too British !* ». Le silence de la nuit n'est interrompu que par l'appel à la prière du muezzin d'une mosquée voisine.

L'un des points d'étape les plus importants de la route logistique américaine vers l'Afghanistan vient d'être détruit dans la ville de Peshawar. Pourtant, il n'y a sur place pas la moindre force de l'allié pakistanais…

*

* *

Un kilomètre plus loin, au croisement d'une route vicinale longeant un canal d'irrigation, cinq policiers en uniforme bleu marine « gardent » un check-point. La barrière étant levée, les voitures – dont la nôtre – s'y engouffrent sans être arrêtées. « Les policiers sont démotivés ici, commente notre guide en haussant les épaules. Ils sont beaucoup moins bien armés que les talibans, ils le savent, et ils tiennent à garder la vie sauve. Cette nuit, lorsqu'ils ont entendu les coups de feu de l'attaque des talibans, ils n'ont même pas bougé ! Toutes les nuits à Peshawar, les commissariats de police se calfeutrent, se transforment en petites forteresses improvisées, priant pour ne pas être attaqués. Téléphoner la nuit à la police à Peshawar ne sert à rien... »

Notre traversée de Peshawar ressemble à une visite guidée dans la capitale mondiale du terrorisme. Nous passons devant le grand bazar de Kisarani, où les marchands de jus de fruits frais, debout derrière leurs étalages multicolores, interpellent en riant le chaland. Deux jours plus tôt, le vendredi, le bazar a été victime d'un attentat-suicide ayant fait quarante morts et une centaine de blessés. La vie y a déjà repris, comme si de rien n'était. Nous passons maintenant devant le stade Qayum. « Il y a quinze jours, un camion-suicide y a explosé, nous raconte l'un de nos accompagnateurs, journaliste local. C'est le gouverneur qui était visé : il assistait aux championnats nationaux d'athlétisme. »

Le long de *Cantonment Road*, voici justement le palais du gouverneur. Stationnement interdit, rues adjacentes barrées par l'armée, il est aussi lourdement protégé que la célèbre *Green Zone* de Bagdad. Presque en face, il y a le complexe des logements officiels des députés du parlement de la province du Nord-Ouest. Il est moins solidement gardé, parce que presque tous les parlementaires sont revenus dans leurs villages pour la fête du sacrifice d'Abraham. Seuls les représentants de la vallée de Swat (dans les zones tribales) y passeront la nuit. Ils ont trop peur de retourner chez eux pour deux raisons : élus en février 2008 sur la liste du parti progressiste ANP, ils redoutent tout d'abord les talibans, mais aussi la colère de leurs électeurs, à qui ils avaient promis le retour de la paix.

Or, la sécurité n'est jamais venue. Le 2 octobre 2008, le président de leur parti, Asfand Wiar Wali Khan, échappa de justesse à un attentat en plein Peshawar. Le paradoxe de la province du Nord-Ouest est que les partis islamistes y ont connu une déroute électorale sans précédent en février 2008, mais que la terreur islamiste s'y est installée partout depuis l'été 2008.

« Les talibans contrôlaient déjà tous les villages des zones tribales. Le plus inquiétant est qu'ils se sont maintenant silencieusement infiltrés au sein même de la grande ville de Peshawar et qu'ils terrorisent tout le monde », me confie, sous couvert d'anonymat, un autre journaliste local, correspondant d'un grand journal en ourdou. « Beaucoup de mes confrères songent à quitter la ville, parce qu'ils ne s'y sentent plus en sécurité. » Une semaine auparavant, Mushtaq Yusufzaï, le correspondant local du journal anglophone national pakistanais *Daily News*, a été kidnappé pendant cinq jours par des talibans de la zone tribale de Mehmond.

Il n'a été relâché que sur intervention de son oncle Raimullah, correspondant de la BBC en pachtou, l'un des journalistes bénéficiant des meilleurs contacts chez les talibans.

A Peshawar, naguère arpentée par d'innombrables humanitaires occidentaux, on ne croise plus un seul étranger dans la rue. En novembre 2008, trois incidents consécutifs les ont fait fuir : l'assassinat du directeur américain de l'US Aid, la grande agence de coopération civile américaine, et de son chauffeur par des tueurs en 4×4 qui avaient bloqué la ruelle où il habitait ; l'enlèvement d'un diplomate iranien ; l'enlèvement raté d'un journaliste japonais et de son fixeur (tous les deux grièvement blessés dans cette attaque).

La réalité est que la guerre américaine en Afghanistan a débordé au-delà de ses frontières pour venir jusqu'au cœur de la capitale d'une des quatre provinces de l'Etat fédéral pakistanais.

« Les choses se sont aggravées considérablement depuis le début de l'été et le ramadan, nous confie un habitant d'un village du Waziristan, de passage à Peshawar. Le 23, le 25 et le 29 août 2008, les drones américains se sont mis à lancer des missiles sur nos villages. Après, ces attaques n'ont plus cessé. Comme elles ont tué de nombreuses femmes et des enfants innocents, elles ont aliéné toute la population contre les Américains et contre le gouvernement pakistanais, considéré comme son collaborateur. Moi-même, j'étais auparavant plutôt proaméricain. Mais après avoir vu les corps déchiquetés de ces enfants, je suis devenu l'ennemi irréductible des Américains ! »

De fait, les attaques au Pakistan contre les convois logistiques d'équipement américain vers l'Afghanistan ont commencé à cette époque, dès la fin du ramadan. Le 4 octobre 2008, deux jours après la fin du jeûne, un convoi était attaqué dans la zone de la passe de Khyber, trois chauffeurs furent tués, et un soldat pakistanais du *Frontier Corps* enlevé. Butin : six Humvee.

On voit aujourd'hui les talibans parader sur ces jeeps américaines dans la zone tribale voisine de la zone tribale de Khoram… Depuis, cinq autres convois ont été attaqués par les talibans, qui ne jurent toujours que par le mollah Omar.

*

* *

Il est temps d'écrire tout cela et surtout de trouver un moyen de transmettre le reportage au *Figaro*. Où puis-je trouver une ligne internet qui fonctionne bien ? Il n'est pas question que j'aille prendre une chambre d'hôtel : le réceptionniste me réclamerait mon passeport et ne mettrait pas longtemps à réaliser que le séjour à Peshawar m'est interdit. Je n'ai aucune envie d'avoir des démêlés avec la police pakistanaise. Heureusement, les deux amis journalistes de Kamal proposent de m'emmener à leur journal. C'est un immeuble modeste et propre dans un quartier populaire de Peshawar, dépourvu d'éclairage public. Surprise des voisins et des petits vendeurs de kebabs, qui n'ont pas vu le moindre Européen dans le quartier depuis un an.

Un technicien parvient à brancher mon ordinateur portable sur une ligne internet qui marche, malgré les fréquentes interruptions de courant. Un thé à la cardamone posé à ma gauche, mon carnet de notes à ma droite, je me mets à écrire à toute allure, car le journal m'a donné une page entière. Le décalage horaire joue en ma faveur. C'est la nuit à Peshawar, mais c'est encore le soir à Paris. Je pousse un ouf de soulagement quand le texte finit par passer, cinq minutes avant l'heure du bouclage.

Exprimant leur solidarité à l'égard d'un confrère exténué mais si content d'avoir réussi à envoyer son reportage dans les temps, mes hôtes m'offrent un délicieux plat de riz au mouton, arrosé de yaourt. Nous échangeons nos numéros de portable. Il est minuit passé lorsque, après force accolades, Kamal et moi quittons nos nouveaux amis. L'autoroute pour Islamabad est absolument déserte, hormis des camions de police roulant à petite allure, balayant au projecteur les bas-côtés. Le chauffage de la voiture de Kamal étant cassé, nous grelottons. Arrivés dans les faubourgs de la capitale, nous nous arrêtons dans un restaurant de routiers pour nous réchauffer avec un thé au lait bouillant. Les serveurs et les clients me regardent comme si j'étais un Martien, tout en faisant preuve de la plus parfaite courtoisie.

A 3 heures, Kamal me dépose à l'hôtel Serena. Je le félicite pour la qualité de son travail et nous nous promettons de nous revoir. Une fois sorti de la douche, je ne parviens pas à trouver le sommeil : je suis dopé à l'adrénaline. Je rallume la lumière et me mets à lire le dernier exemplaire de *Dawn*, le grand journal pakistanais en langue anglaise, créé il y a soixante ans par Mohammed Ali Jinnah, le père fondateur du « Pays des Purs ».

Soudain, à 4 heures, mon portable pakistanais sonne. C'est Kamal.

« Tu te souviens que, sur la *Ring Road*, nous sommes passés le long d'un autre dépôt logistique de l'Otan, qui était intact ?

— Bien sûr que je m'en souviens, Kamal. Et alors ?

— Eh bien les talibans viennent de l'attaquer il y a un quart d'heure. Ils y ont détruit cinquante-deux véhicules.

— Et toujours pas de réaction de l'armée pakistanaise ?

— Non, pas la moindre réaction, comme d'habitude. Je voulais juste te donner cette nouvelle. Je te souhaite une bonne nuit… »

J'appelle immédiatement les journalistes pakistanais de Peshawar dont j'avais pris les numéros de portable. Je les réveille ; ils ne sont au courant de rien.

La vérité me saute alors aux yeux. C'est le chef du commando taliban qui a appelé lui-même Kamal, pour donner de la publicité à son raid de destruction des camions des infidèles... Kamal est donc bien une source de premier ordre !

En me glissant dans mon lit, je regrette d'avoir été gagné par la peur juste avant de quitter l'hôtel avec lui pour Peshawar. C'est vrai, j'ai un moment eu l'angoisse d'être pris en otage. Dans ce métier de correspondant de guerre, que j'exerce depuis plus d'un quart de siècle, je n'ai jamais réussi à me débarrasser de la peur. C'est un drôle de sentiment, qui va, qui vient, sans règle apparente. Je ne suis jamais vraiment parvenu à l'apprivoiser. Je ne connais pas d'antidote contre la peur. Pour moi, ce sont à la fois l'inconnu et la solitude qui la provoquent. Combien de fois, dans les avions qui m'emmenaient vers l'Afrique, les Balkans, le Moyen-Orient, le Caucase ou l'Asie centrale, j'ai eu l'estomac noué par la peur ! Assez bizarrement, cette peur a disparu à chaque fois que j'ai pris pied sur le terrain, que je l'ai physiquement contemplé, écouté, respiré. En fait, dès que j'ai pu détruire l'incertitude et la solitude – en trouvant un bon guide, en me fixant un programme réaliste – ma peur s'évanouit, alors que, rationnellement, elle aurait dû s'accroître, au contact de la réalité des combats.

Lors d'un reportage que je fis en Tchétchénie en décembre 1999, j'ai très profondément ressenti ce phénomène bizarre de la peur qui saisit le corps et l'esprit pendant la phase de préparation, puis qui s'évanouit au contact du terrain. Au mois de septembre 1999, après un attentat terroriste monstre ayant détruit un immeuble d'habitation à Moscou, Vladimir Poutine, Premier ministre de Russie, annonce publiquement son intention d'aller « buter les Tchétchènes jusque dans les chiottes ». Bafouant des accords politiques qui avaient été signés en 1996, l'armée russe se met à envahir cette petite république caucasienne, membre de la Fédération de Russie, mais n'ayant jamais accepté dans son cœur la soumission à Moscou, obtenue de force dans la seconde moitié du XIXe siècle, après l'écrasement par les soldats du tsar de l'insurrection de l'imam Chamyl. Le bulldozer russe brise tout sur son passage, sans la moindre compassion pour les civils. Je m'étonne alors du silence des

Occidentaux, qui avaient pourtant été, au nom des droits de l'homme, si prompts à agir, au printemps précédent, en faveur des Kosovars albanais. Dans un couloir de mon journal, je tombe sur Irina, notre ancienne correspondante à Moscou, excellente journaliste, de surcroît parfaitement russophone.

« Tu ne crois pas que tu devrais aller faire un tour en Tchétchénie ?

— Ah non, pas question, je n'ai vraiment aucune envie de passer trois ans enchaînée à un radiateur ! »

Il est vrai que le kidnapping est une sorte d'industrie nationale en Tchétchénie. Des bénévoles de MSF Hollande viennent d'en faire l'amère expérience, relâchés seulement après que leur gouvernement eut accepté de payer une forte rançon. Au moment où je pose la question à Irina, un photographe indépendant français, qui était parti en reportage vers le réduit tchétchène (la partie non encore occupée par la Russie), venait de se faire enlever par un groupe incontrôlé de boïviki (combattants tchétchènes), dans le centre de Grozni. Saisi alors par une peur salutaire, je me dis qu'Irina a raison, qu'aucun reportage ne vaut le risque de passer des mois, voire des années, en détention comme otage. Je me décide à oublier la Tchétchénie. Trois jours plus tard, elle revient vers moi par le plus grand des hasards. Un matin, où je n'avais rien de spécial à faire pour mon journal, je vais assister, quai Voltaire, siège de la Documentation française, dans une magnifique salle ancienne surplombant la Seine, à une séance du Comité scientifique des *Cahiers des pays de l'Est*, dont je suis membre. Devant cet aréopage de grands professeurs d'université beaucoup plus savants que moi, j'évite de prendre la parole. Mais parmi les intervenants, je repère une dame, visiblement grande spécialiste du Caucase. A la fin de la séance, je m'approche d'elle, et lui demande son sentiment sur ce qui se passe en Tchétchénie.

« Les Russes y mènent une guerre d'une brutalité inouïe. Vous voulez y aller ? Vous êtes fou, c'est beaucoup trop dangereux ! Non seulement il y a les bombes, mais en plus il y a les enlèvements ! » me dit-elle, haussant les épaules. C'est alors que, dans le confort ouaté de ce merveilleux bâtiment du quai Voltaire, la curiosité commence à l'emporter chez moi sur la peur.

« Mais, Madame, il y a sûrement des moyens d'y aller en limitant les risques, des filières plus sûres que d'autres ?

— Ecoutez, moi, je n'en connais pas... Mais, attendez, il y a peut-être quelqu'un qui pourrait vous renseigner, une Française de toute confiance, qui fait passer de l'aide humanitaire là-bas et qui anime un petit comité de soutien aux Tchétchènes. Je vais vous donner son numéro de portable, mais faites bien attention à vous ! »

En sortant sur le quai rafraîchi par un vent d'automne, je me dis que ça ne me coûte strictement rien de poursuivre, et j'appelle le numéro qu'on vient de me fournir. Le lendemain, la jeune humanitaire française me reçoit, au Sénat, à l'issue d'une conférence de sensibilisation qu'elle vient de donner. Par la précision de ses propos et par son pragmatisme, elle m'inspire instantanément confiance. Oui, elle a une filière, qui s'est révélée sûre plus d'une fois. « Les résistants tchétchènes que je connais ne sont pas tous des anges, mais ils ont intérêt aujourd'hui à ce qu'on parle de leur cause dans la presse. Ils vous aideront sans arrière-pensée. Emmenez beaucoup de vêtements chauds avec vous... » Et elle me donne une adresse mail où écrire pour faire ma demande. C'est en Hollande, où vit, comme réfugié politique, le responsable pour l'Europe de sa filière. Ce dernier répond le jour même à mon mail, de manière très professionnelle, et me donne un numéro où l'appeler. A cet instant précis, l'excitation d'une organisation compliquée prend le pas sur la peur. Le chef du service Etranger du *Figaro* me donne immédiatement son accord pour un tel reportage. Mais comme je pressens qu'il risque d'être particulièrement dur, je veux me trouver un compagnon d'aventure. A deux, on a toujours plus de courage que seul. La solution est d'emmener un photographe avec moi. Le *Figaro Magazine* accepte d'engager une telle dépense. Un ami me conseille de proposer l'aventure à un jeune photographe de l'agence Sipa, Olivier Jobard, que j'avais croisé à Sarajevo alors qu'il commençait dans le métier, et dont j'avais gardé un très bon souvenir. Il accepte immédiatement. En raison du danger, aucun interprète (du russe au français ou à l'anglais) n'a, en revanche, accepté de nous accompagner. Tant pis : il faudra bien que mon russe, laborieusement appris comme deuxième langue à l'Ecole alsacienne et au lycée Louis-le-Grand, finisse par me revenir ! Une semaine plus tard, Olivier et moi nous nous retrouvons à Tbilissi, capitale de la Géorgie (pays dont la frontière nord longe la Tchétchénie), logés, par souci de discrétion, par des représentants de notre filière tchétchène. Nous avons chacun un sac à dos avec, dans le mien, un téléphone satellite, qui se révélera du plus grand secours. Au dernier moment, avant mon départ de Paris, ma femme y a jeté une paire de guêtres de ski : ce sont elles qui m'éviteront, trois semaines plus tard, d'avoir les pieds gelés.

Après une série de péripéties, nos hôtes de la filière tchétchène parviennent à nous faire embarquer dans un hélicoptère de l'armée géorgienne (dont les pilotes ont été soudoyés), qui nous déposera sur un col, à un kilomètre de la frontière internationale entre Géorgie et Tchétchénie. Là, notre premier hôte de la filière nous quitte, en nous disant simplement : « Marche un kilomètre dans cette direction. Au bout du chemin tu trouveras un certain Magamad. Il est avec nous et il est fiable. Il te donnera tes prochaines instructions. Bon voyage ! » Nous finissons par trouver ledit Magamad, homme peu disert, hirsute, un fusil d'assaut Kalachnikov à la main. Il nous fait signe de nous asseoir sur un bout de rocher et d'attendre. Nous ne nous sentons pas vraiment rassurés par cette organisation… Dix minutes plus tard, une jeep militaire Lada s'arrête devant Magamad. Au volant, et sur le siège droit, sont assis deux barbus en blouson de cuir, à la mine patibulaire. Magamad me dit en russe que je peux partir avec eux. Mon cerveau est en ébullition. J'ai dix secondes pour réfléchir. La vision de trois années enchaîné à un radiateur me traverse l'esprit comme un éclair. Mais je me dis qu'il est désormais trop tard pour se dégonfler. Je me retourne vers Olivier : « Ça te va ? » Avec le flegme dont il ne se départira jamais, il me répond oui de la tête. Nous embarquons. La Lada à quatre roues motrices se met à descendre dans le lit des rivières vers le réduit tchétchène. L'aviation russe ayant détruit tous les ponts, les routes ne sont en effet plus praticables. Magnifique paysage de montagne au soleil couchant. Nos nouveaux hôtes se délestent des blousons qui leur donnaient cet inquiétant air mafieux. Ils sont en treillis militaire, les épaulettes ornées de caractères en arabe. De dessous leurs sièges, ils sortent des fusils et un téléphone satellite Turaya : à l'évidence, nous ne sommes pas tombés sur n'importe qui, mais sur d'importants chefs militaires de la résistance tchétchène. Après une heure de route, à l'orée d'un village à moitié détruit par les bombardements russes, la Lada s'arrête devant une ferme. « Station-service tchétchène ! » plaisantent nos hôtes, nous adressant la parole pour la première fois. Un paysan sort d'un chenil des bonbonnes ressemblant à celles qu'utilisent les Siciliens pour y mettre leur vin de table. Ce rosé est en fait de l'essence, qu'il verse dans le réservoir à l'aide d'un entonnoir. Je sors des dollars de ma poche pour payer. Notre chef militaire me dit qu'il n'en est pas question. Olivier et moi échangeons alors un regard complice : que notre hôte refuse notre argent est décidément très bon signe ! C'est à ce moment-là que toute peur m'a quitté en Tchétchénie. Les choses étaient devenues simples. Nous avions décidé de faire confiance à cette filière et nous nous contenterions donc de la suivre jusqu'au bout, quels que soient les aléas.

La nuit est venue. Nous traversons ce qui ressemble à un gros bourg, puis la Lada pénètre dans une grande cour de ferme, où des hommes en armes sortent et entrent sans arrêt. Nous sommes laissés à nous-mêmes. A la lampe-torche, grâce à mon GPS et à ma carte aérienne de l'US Air Force emmenés depuis Paris, je repère que nous sommes dans une ville appelée Vedeno. Olivier et moi dansons sur nos pieds dans cette cour de ferme toute noire, pour essayer de nous réchauffer. « On est vraiment au bout du bout du monde, dis-je à mon compagnon. Dès maintenant, il faut songer à la manière dont nous pourrons revenir en Géorgie sains et saufs ! » Soudain, un homme à la main mutilée gantée de cuir s'approche de nous et nous lance en riant, dans un anglais très convenable : « *Welcome to Tchetchenia !* » Nous reconnaissons tout de suite Khattab, ce combattant islamiste internationaliste d'origine jordanienne, qui, avec Chamyl Bassaïev, a provoqué l'ire de la Russie au mois d'août, en attaquant, au nom de l'islam, un village de la république voisine du Daghestan. Cinq minutes plus tard, c'est au tour de Shirvani Bassaïev, le jeune frère de Chamyl, de venir nous serrer la main, avec de grands éclats de rire. Nous réalisons alors que nous sommes tombés en plein milieu du chaudron tchétchène, une situation de rêve pour faire du journalisme. Le soir même, nous dînerons d'une omelette – la plus délicieuse de notre vie ! – en compagnie de Khattab, dont nous ignorions bien sûr à l'époque (décembre 1999) l'appartenance à Al-Qaida.

L'excitation d'être les seuls journalistes présents dans le réduit tchétchène va alors l'emporter sur tout autre sentiment, et prévenir chez moi tout retour de la peur. Nous passons la nuit sur les tapis du salon de la ferme de notre chef militaire rencontré à la frontière. Le lendemain, nous sommes réveillés par le bruit strident des réacteurs des chasseurs-bombardiers Sukhoï. Ils volent si bas, qu'on peut compter le nombre de roquettes qu'ils portent encore sous leurs ailes. Ils bombardent à tout-va. Mais, fascinés de voir la guerre comme on ne la voit qu'au cinéma, nous n'avons pas peur. Les Tchétchènes sont d'incomparables soldats car la peur n'entre pas dans leurs catégories mentales. Avoir peur, ou du moins montrer de la peur au combat, c'est jeter la honte sur sa lignée familiale pour des générations. Pour eux, emmener des journalistes au combat en première ligne est une démarche tout à fait naturelle. C'est la différence avec les armées régulières occidentales ou avec les autres mouvements de guérilla, qui ne conduisent jamais leurs hôtes en première ligne. Cinq jours après notre arrivée, nos hôtes de Vedeno nous emmènent au combat. Nous passons une nuit à nous geler dans une forêt pour attendre le moment propice à l'embuscade. Cette dernière se fera, le matin, à partir d'une lisière, jusqu'à laquelle nous aurons rampé à travers les ronces. Vue plongeante sur un carrefour routier. Au moment où le char russe s'y engage, les boïviki sont prêts : ils le tirent au missile filo-guidé Sagger, et font but. Olivier n'a pas raté sa photo. Ordre de repli immédiat. Nous courons à travers bois. Déflagrations soudaines : les Russes bombardent la forêt à coups de mortier. Olivier et moi nous allongeons dans une rigole, en attendant que ça passe. A l'école des officiers de réserve de Coëtquidan, on m'a appris comment se protéger des éclats de mortier. Comme aspirant au 27ᵉ Bataillon de chasseurs alpins, j'ai participé une fois à un exercice de tirs de mortier. Curieusement, aplati sur le sol humide de cette forêt du Caucase si loin de chez moi, je ne ressens pas la moindre peur. Je suis juste stupéfait qu'il m'ait été donné, une fois dans ma vie, de subir un tir réel de mortiers, et de pouvoir appliquer les conseils reçus lors de mon service militaire.

Le soir, alors que nous sommes rentrés à la ferme, délicieusement chauffée au bois, et que les boïviki ont préparé un banquet de viande de vache bouillie à l'ail pour fêter leur raid militaire réussi, les festivités sont soudain interrompues par la sonnerie de mon téléphone satellite. C'est la rédaction de CNN à Atlanta qui appelle. Etant les seuls journalistes présents dans le réduit tchétchène, nous n'avons pas seulement envoyé des dépêches au *Figaro*, nous avons aussi fait d'innombrables « téléphones en direct » pour les rédactions de CNN et de la BBC. Les journalistes de permanence dans la *newsroom* d'Atlanta ont devant les yeux une dépêche d'agence, qui leur dit que les Russes ont débarqué d'hélicoptère des tireurs sur tous les cols séparant la Tchétchénie de la Géorgie, afin d'interrompre tout ravitaillement clandestin de la province sécessionniste. Ils m'appellent pour me demander ce qu'il en est. Bêtement, je n'y crois pas. Ou peut-être est-ce que je ne veux pas y croire. Et je dis crânement à Olivier : « Ces Amerloques, ils goberaient n'importe quoi ! » Mais le lendemain matin, lorsque nous déclarons à notre hôte que notre reportage est terminé, que nous avons toutes les photos que nous souhaitions grâce à l'embuscade de la veille, et que nous souhaiterions qu'il nous raccompagne au col frontière où il nous a rencontrés pour la première fois, il nous répond avec un sourire désolé : « Cela ne va pas être possible tout de suite, il y a eu un petit contretemps militaire, que nous allons devoir régler dans les prochains jours… » Aïe, nous comprenons tout de suite que les Américains d'Atlanta avaient bel et bien raison. En deux mots comme en cent, nous nous retrouvons encerclés par les Russes dans le réduit tchétchène. La situation devient vraiment compliquée... Il n'est pas question pour nous d'aller sur le front nous rendre aux troupes russes, en leur disant : « Pardon, messieurs, nous sommes entrés clandestinement sur le territoire de la Fédération de Russie, nous n'avons pas de visa, mais c'était simplement pour faire un peu de journalisme, et maintenant nous aimerions bien que vous nous aidiez à rentrer à Paris. » Dans l'armée russe, « les soldats de première ligne, ce ne sont pas des agrégés de philo, dis-je à Olivier. Avec eux, le premier quart d'heure risque d'être très dangereux. La procédure, c'est plutôt une balle dans la tête tout de suite, ni vu, ni connu, que le rapport écrit circonstancié au Kremlin... Si tu veux mon avis, on est un peu beaucoup dans la merde ! ».

Même à ce moment paroxystique, la peur n'est pas revenue me hanter. J'étais tout simplement dopé à l'adrénaline et occupé seulement à nous trouver une voie de sortie. Notre hôte bientôt parti faire la guerre aux Russes sur les cols, il me faudra d'abord recruter, pour 300 dollars par jour, deux anges gardiens locaux, qui avaient l'avantage de conduire une belle Volga, avec un fusil-mitrailleur placé en batterie à travers la vitre avant, afin de dissuader toute tentative d'enlèvement. Après avoir passé Noël en tête à tête à Vedeno, en nous chantant des cantiques, Olivier et moi partîmes battre la campagne, dormant la nuit chez des paysans. Nous finîmes par trouver ce que nous recherchions : un homme connu pour être le montagnard le plus compétent de la région. En russe, je lui ai dit : « Si tu réussis à me faire passer en Géorgie, je te donnerai mille dollars à l'arrivée. » Marché conclu. C'est ainsi que nous traversâmes toute la chaîne du Caucase à pied dans la neige, marchant pendant quatre jours, montant jusqu'à 3 500 mètres d'altitude, couchant serrés l'un contre l'autre dans des bergeries ouvertes à tous vents, avec le hululement des loups pour fond sonore. Toujours pas de peur, car les choses étaient extrêmement claires. C'était « marche ou crève », un point c'est tout. La veille du nouveau millénaire, le 31 décembre 1999, vers 2 heures de l'après-midi, avançant presque à tâtons dans le brouillard, nous sentîmes soudain, sous nos pieds endoloris, le relief changer. On ne montait plus, on descendait. Je sortis la carte et le GPS. Puis soudain je criai à Olivier, comme dans un film : « Hourra, à nous la liberté, nous sommes désormais en Géorgie ! » Le guide avait réussi à passer par une voie de si grande altitude, que les Russes n'avaient même pas songé à l'occuper. Une descente de 2 000 mètres de dénivelé. Le soir de la Saint-Sylvestre, nous nous couchons dans une bergerie – abandonnée mais relativement confortable – d'un hameau géorgien qui n'était habité que l'été. Nous partageons nos derniers vivres avec la demi-douzaine de réfugiés tchétchènes qui avaient décidé de suivre la caravane affrétée par les deux étranges voyageurs français. Sur le téléphone satellite, je passe un seul coup de fil. Je préviens le diplomate de permanence au cabinet du ministre des Affaires étrangères que nous avons quitté sains et saufs le territoire de la Fédération de Russie. Hubert Védrine, qui passait le nouvel an chez un ami commun en Normandie, préviendra lui-même ma femme de notre échappée victorieuse. Le lendemain matin, 1er janvier du nouveau millénaire, nous fûmes réveillés par un soleil étincelant, reflété par les plaques de neige autour de la bergerie. Libres, et libérés de la peur, nous nous sentions voler, Olivier et moi. Et déjà nous savions que nous avions passé, au fin fond de cette vallée perdue du Caucase, le plus mémorable de tous les premiers de l'an de nos pauvres vies…

*

* *

Avant de m'endormir tout à fait dans mon hôtel favori d'Islamabad, je repense aux promesses de Barack Obama durant sa campagne électorale, que je viens de suivre en Amérique : un retrait progressif d'Irak, compensé par un accroissement de l'implication militaire américaine en Afghanistan. A l'aube de ce lundi 8 décembre 2008, je me dis que le futur président américain mesurera, dès son intronisation le 20 janvier 2009, le risque qu'il courra d'être entraîné beaucoup plus loin, peut-être même un jour jusqu'à la *Ring Road* de Peshawar…

CHAPITRE 2

À Kandahar, je comprends l'inadaptation de l'Otan

Patente en cette fin d'année 2008, la détérioration de la situation à Peshawar et dans toutes les zones tribales pakistanaises m'inquiète d'autant plus que je sais que, de l'autre côté de la frontière, en Afghanistan, les talibans ne cessent de gagner du terrain. En février 2008, je m'étais rendu dans la région de Kandahar, pour prendre la mesure des difficultés que rencontraient les forces canadiennes dans leur travail de pacification. J'y avais vu une Otan dépassée par l'ampleur de la tâche.

Car les talibans ne sont plus à cette époque ce qu'ils furent en 1994 – une élite d'étudiants en religion très courageux au combat et coordonnés par des officiers de l'ISI – ou ce qu'ils étaient en 2000 – une nomenklatura de gouvernement, un peu anarchique et fascinée par Ben Laden. Beaucoup de jeunes Pachtounes ont, depuis l'arrivée des Occidentaux, rejoint le mouvement par simple élan nationaliste. Sur la bonne vingtaine de millions de Pachtounes vivant des deux côtés de la ligne Durand (du nom de l'ancien gouverneur britannique du Raj indien, Sir Mortimer Durand, qui en 1893 traça la frontière entre l'Empire des Indes de Sa Majesté et l'Afghanistan), il y a cinq millions d'hommes en âge de combattre. Pour un paysan pachtoune, le maniement du fusil est aussi naturel que celui de la charrue. Les Pachtounes ont une des plus vieilles traditions guerrières de la planète. Dans cette société-là, combattre l'étranger venu sur son sol avec des armes est un devoir qui va de soi pour tout homme qui se respecte. Pour les Pachtounes, la guerre est une activité qui peut très bien se pratiquer par intermittence. Une semaine consacrée aux semences, la suivante aux embuscades contre les Anglais. Le fait que ces semences aient pu être payées par l'US Aid n'entre pas le moins du monde en considération dans l'établissement de ce rythme de vie sans monotonie…

L'Otan est une énorme machine logistique autonome qui a été déposée sur le territoire afghan. Etat-major de 2 000 personnes à Kaboul, énormes bases fortifiées de plus de 10 000 soldats comme à Kandahar ou à Bagram, la machine otanienne me donne l'impression de fonctionner à vide, tant est limitée son interaction avec la population locale.

Le 24 février 2008 à l'aube, je quitte en convoi blindé la base de Kandahar pour la FOB (Forward Operating Base, avant-poste opérationnel) de Masum Ghar, située en pleine zone rurale insurrectionnelle. La matinée est magnifique et le chef de poste nous accueille chaleureusement, nous invitant sur-le-champ à partager son petit-déjeuner.

Vancouver vient tout juste d'égaliser à 1-1 contre Detroit, lorsque le caporal-chef Woods pénètre dans la tente modulaire de la FOB, où une demi-douzaine de soldats canadiens prennent leurs œufs au plat et leurs *beans* à la sauce tomate, les yeux rivés sur un téléviseur transmettant en direct le championnat nord-américain de hockey sur glace.

Woods se penche immédiatement à l'oreille du commandant Mark Campbell, pour lui donner la nouvelle qu'il a reçue sur la ligne sécurisée de la salle d'opérations, aménagée à deux mètres sous terre, à l'abri des roquettes, mais surtout de la poussière. A 10 kilomètres au sud-ouest de la FOB, le long du tronçon Kandahar-Herat de la route nationale n° 1, des talibans ont accroché brièvement une section du bataillon de l'armée nationale afghane (Ana), placée sous le mentorat du major Campbell.

« Ce n'est rien, me dit cet officier supérieur du PPCLI (Princess Patricia's Canadian Light Infantry, régiment des forces armées canadiennes), ils veulent juste tester notre capacité de réponse. La grande bataille n'est pas pour maintenant. Il faut attendre la fin de la récolte de l'opium, c'est-à-dire le moment où les paysans, enfin disponibles, seront recrutés, contre espèces sonnantes et trébuchantes, par les talibans, pour faire le coup de feu avec eux, contre nous, les infidèles ! »

Je constate que les talibans n'ont pas la moindre chance de jamais prendre ou même endommager sérieusement l'avant-poste de l'Otan de Masum Ghar, situé en pleine campagne, au pied d'un piton rocheux, à 30 kilomètres à l'ouest de Kandahar, dans un paysage de rocaille à la *Désert des Tartares*. Les Canadiens, qui ont construit ce fort en octobre 2006, y disposent d'une puissance de feu infiniment supérieure à celle de leurs adversaires islamistes : chars Léopard, canons de 155 mm, mitrailleuses en tous genres. Pour la reconnaissance de l'ennemi, ils jouissent des informations données par les patrouilles de l'armée afghane qu'ils encadrent, ou par les Kiowa, agiles petits hélicoptères américains de surveillance, qu'on voit sans cesse slalomer au gré du relief.

Tous les avant-postes de l'Otan sont reliés entre eux par un système de messages sécurisés envoyés par satellite. Sur l'ordinateur de la salle de commandement du FOB, un message vient de s'afficher en rouge : une information provenant du NDS (National Department for Security, service de renseignements afghan) indique que des talibans, déguisés en policiers, ont établi un check-point sur la route entre Kandahar et la province d'Oruzgan, où ils tuent systématiquement tous les fonctionnaires tombant entre leurs mains.

Dans les guerres asymétriques, la supériorité militaire et technologique ne suffit pas pour assurer la victoire. Le district de Panjawi, zone de culture du raisin et du pavot le long de la rivière Arghandab, que les Canadiens tentent de sécuriser à partir du fortin de Masum Ghar et de sept sous-postes où ils épaulent la police afghane, est toujours l'un des plus dangereux du pays. La veille de mon passage, un soldat afghan fut tué par les talibans, alors qu'il était simplement descendu du fort, le matin, pour aller acheter du pain à la bourgade toute proche de Panjawi Bazari, « chef-lieu » du district.

« Et nous attendons une recrudescence des actes hostiles dès que la neige aura fondu sur les cols de la frontière : les talibans arriveront alors par centaines, en provenance des zones tribales et de la province pakistanaises du Balouchistan, m'explique le major Gosselin, commandant du fort. Les talibans ont compris qu'ils perdraient toujours leurs attaques directes contre nous. Lors des affrontements directs de 2006, ils ont commis l'erreur de se regrouper, et nous en avons tué plus d'un millier. Ils ont donc modifié leur stratégie : ils ne fonctionnent plus que par petits groupes, noyés dans la population, reliés entre eux par cellulaires. » Apporté en 2003 par l'Occident, le téléphone mobile, présent dans toutes les zones peuplées du pays, bon marché et efficace, est de loin l'élément le plus tangible des efforts de modernisation du pays. Le paradoxe est que cet excellent réseau constitue aussi une arme redoutable aux mains des ennemis du gouvernement pro-occidental d'Hamid Karzaï.

« Les talibans ont renoncé à tenir du terrain, poursuit le jeune officier supérieur, pour privilégier le harcèlement à fort impact psychologique, actions commandos "*hit and run*", attentats-suicide, enlèvements de personnalités locales ou de civils étrangers, déclenchement à distance de mines improvisées au passage de nos convois. Les talibans sont prêts à donner 200 dollars à un paysan, simplement pour qu'il déclenche l'explosion d'un ied (*improvised explosive device*), en restant caché dans son champ ! » Huttes en terre ajourées de fentes d'aération, les séchoirs à raisin, présents partout dans le sud de l'Afghanistan, offrent aux insurgés d'excellents postes d'observation ou d'attaque. Les murs de terre sont beaucoup plus solides qu'on pourrait le croire, et ne peuvent être détruits que par du gros calibre. Au printemps, lorsqu'ils se cachent dans les jolis champs de pavot constellés de fleurs rouges, les attaquants sont indécelables.

« Nous sommes parfaitement conscients que ce type de guerre anti-insurrectionnelle ne se gagne pas que par la force militaire. Après la sécurité, les deux autres piliers de notre action sont donc l'aide au développement et à une meilleure gouvernance, me confie le major Campbell, responsable du mentorat de l'armée et de la police afghane dans le district de Panjawi. Notre idée est toute simple : convaincre par des actes la population qu'elle a plus à gagner avec son gouvernement élu qu'avec les talibans. »

Le fusil d'assaut à la main et le gilet pare-balle sur les épaules, l'officier canadien m'emmène visiter un chantier dont il est particulièrement fier, celui d'une nouvelle route asphaltée menant vers le sud-ouest du district. Payés 6 dollars par jour, un salaire élevé pour le pays, 300 ouvriers afghans, recrutés localement, y travaillent, sous la direction de l'adjudant-maître Saint-Pierre, du génie canadien. « Nous n'utilisons que des techniques simples, espérant qu'ils pourront les retenir, une fois que nous aurons quitté le pays », explique ce dernier avec son accent québécois chantant, où se mêlent étrangement enthousiasme et scepticisme.

Les chefs de chantier afghans ont tous reçu des « *night letters* », lettres de menaces que les talibans déposent la nuit à leur intention dans les mosquées de leurs villages. Jusqu'à présent, peu d'entre eux ont cédé à l'intimidation.

A l'occasion d'une pause, accompagné par l'interprète afghan de la FOB, je bavarde au soleil avec ces ouvriers pachtounes. Conversation très instructive. Le mollah Omar, chef historique des talibans et qui régna sans partage sur l'Emirat islamique d'Afghanistan de 1996 à 2001, n'est pas du tout impopulaire parmi eux. « De son temps, la sécurité était parfaite sur les routes, et nous n'étions pas rackettés comme aujourd'hui aux barrages de police ! » affirme Mohammad Nadar Alikozaï, 36 ans, chef d'une équipe de 24 ouvriers, qui épargne tout ce qu'il gagne pour pouvoir un jour se rendre à La Mecque. « C'est vrai, tempère son collègue Hadji Saquitad Noorzaï, 41 ans, qui, lui, a déjà fait le pèlerinage sacré, mais il avait également pris une décision trop sévère : il nous avait interdit de cultiver le pavot, la culture pour nous de loin la plus rentable ! »

En deux mots, tout est dit, par ce paysan analphabète, sur le grand paradoxe de l'intervention occidentale en Afghanistan. Sous l'ombrelle de l'Otan, le pays est devenu le plus grand narco-Etat de la planète. La production d'opium est passée de 185 tonnes en 2001 (sur 8 000 hectares plantés) à 8 200 tonnes en 2007 (193 000 hectares). Désormais, 80 % de l'héroïne consommée dans le monde provient d'Afghanistan. Pour les paysans afghans, l'opium a un immense avantage : c'est la seule denrée agricole qui ne pourrit pas, et se conserve dans un coffre le plus simplement du monde.

Les Américains sont favorables à une éradication du pavot par épandage aérien. Mais les Britanniques y sont opposés, qui ont en charge la sécurisation de la province du Helmand, première région productrice d'opium du pays. L'éradication du pavot ne constitue pas non plus une urgence pour le gouvernement Karzaï.

A Kaboul, il n'y a pas un Afghan qui ne vous chuchote que le propre frère du président, Ahmed Wali Karzaï, président du Conseil provincial de la région de Kandahar, est l'un des plus grands barons de la drogue du pays.

Le front ceint d'un gigantesque turban de soie à bandes noires et blanches dont la traîne lui descend jusqu'à la taille, le ventre bien rond, Hadji Baran est le chef du district de Panjawi, l'équivalent d'un sous-préfet chez nous. Lui non plus n'a rien contre le mollah Omar. « De son temps, notre région de Kandahar était privilégiée par le gouvernement. Aujourd'hui, tout est donné au Nord ! » se plaint-il. Il appuie à fond la décision d'interdiction de l'opium qu'avait prise en son temps le pieux mollah Omar. Mais il reconnaît que les talibans aujourd'hui sont les premiers à tirer parti de la culture du pavot, « pour financer leurs achats d'armes et la solde de leurs combattants ». L'Otan estime à 4 000 le nombre de talibans convaincus dans le Sud, auxquels s'ajouteraient 6 000 supplétifs, attirés par la solde. Les agriculteurs doivent payer une taxe de 10 % aux talibans sur leur production d'opium, laquelle représente un montant total estimé à 400 millions de dollars. Les trafiquants qui exportent la marchandise vers le Pakistan, l'Iran ou le Tadjikistan, empochent une somme équivalente, laquelle est également taxée à 10 % par les talibans. Cela leur fait donc un magot annuel de 80 millions de dollars pour financer leur insurrection, auquel s'ajoutent bien sûr les donations privées en provenance des pétromonarchies du Golfe persique.

« Le problème est sans fin, m'explique le lieutenant-colonel Gilbert, officier de renseignements du corps expéditionnaire canadien (2 600 hommes). Tant que le Pakistan restera le sanctuaire qu'il est, les talibans auront la vie facile ! »

La situation n'a pas changé par rapport à l'époque de l'occupation soviétique (1979-1989). Déjà, les combattants afghans insurgés contre l'Armée rouge se servaient du Pakistan comme d'une zone refuge. La différence est que l'Amérique était alors aux côtés des militants islamistes, les arrosant de dollars et de missiles sol-air Stinger.

La présence soviétique, j'en vois les vestiges, à l'est de l'aéroport de Kandahar et de la base de l'Otan qui l'entoure, y abritant 13 000 militaires occidentaux. Côté militaire, c'est un immense cimetière de chars T-62, d'orgues de Staline et de camions Oural.

Côté développement, ce sont quatre barres d'HLM en béton qu'on dirait venues d'une banlieue d'Alma Ata, aujourd'hui squattées par des familles afghanes déshéritées.

Multipliant les tentes et les préfabriqués climatisés, l'Otan s'est, jusqu'à présent, abstenue de construire des bâtiments en dur à Kandahar. Par superstition ?

Lorsque, le soir, couché dans ma tente sur un lit Picot, je repense à la journée passée sur le terrain avec les soldats canadiens, trois souvenirs m'obsèdent. Le premier est la franchise désarmante de ces paysans fidèles dans leur cœur au mollah Omar mais payés par l'argent occidental pour construire une route destinée dans l'avenir à leur seul usage. Si eux-mêmes ne prennent pas franchement parti pour le gouvernement Karzaï soutenu par l'Occident, qu'attendre des autres habitants de la région ?

Sur le chemin du retour, qui passait par le centre de Kandahar, le jeune chauffeur de mon blindé était si nerveux qu'il accrocha une camionnette qui ne s'était pas rangée assez vite sur le côté. Aussitôt les soldats sautent du véhicule et se déploient tout autour, le fusil braqué sur les passants. Pas le moindre mot d'excuse. Une minute plus tard, le passage ayant été libéré, nous repartons. Un officier canadien m'assure que le propriétaire de la camionnette saura se présenter à la base de l'Otan, pour se faire rembourser les dommages. Je le crois, car je sais que l'argent n'est pas un problème pour l'Otan. Mais toute la scène m'a rempli d'un profond malaise. Venus aider les Afghans de manière désintéressée, ces Canadiens sont pétris de bonnes intentions. Mais comment peuvent-ils réussir si le moindre contact improvisé avec la population les plonge dans l'effroi ? Lorsque je raconte l'incident à un confrère journaliste canadien vivant en permanence sur la base, ce dernier me raconte que deux semaines auparavant, le mitrailleur d'une jeep britannique avait ouvert le feu, en plein centre-ville, sur un rickshaw n'obtempérant pas sur-le-champ aux coups de klaxon furieux du convoi de Sa Gracieuse Majesté. Que s'est-il passé dans la tête du jeune soldat anglais ? A-t-il vu dans le rickshaw un véhicule-suicide qui l'aurait menacé ? Toujours est-il qu'il tua son chauffeur. L'enquête montra que ce dernier n'était qu'un civil ordinaire et qu'il n'avait sur lui ni arme, ni ceinture d'explosifs. Une telle bavure vous aliène tout un quartier pour une bonne année.

Troisième souvenir, une petite conversation que j'avais eue, autour d'une tasse de thé, avec l'interprète afghan de la FOB. C'était un étudiant en littérature qui souhaitait amasser suffisamment d'argent pour pouvoir poursuivre ses études à l'étranger. Je lui avais demandé combien il gagnait avec les Canadiens. « 800 dollars par mois, nourri, logé, c'est un bon deal. — Mais comment as-tu pris contact avec eux ? — Je connaissais déjà le système, car j'avais travaillé avec les forces spéciales américaines. — Elles payaient moins bien ? — Non, c'était 2 000 dollars par mois, et sur le terrain sans arrêt. — Tu es fou ! Pourquoi les as-tu lâchées ? — Ces types-là, c'étaient des cowboys, pas des soldats polis comme les Canadiens. Souvent ils me faisaient venir en hurlant : "*Hey, motherfucker, come here !*" Je ne suis pas susceptible mais ça ne me plaisait pas. Le jour où j'ai décidé que je n'en pouvais plus et que je devais les quitter, c'est quand ils se sont mis, pour s'amuser, à foncer sur les chiens d'une tribu de Koutchis qui nomadisaient avec leurs troupeaux dans un désert que nous traversions avec nos Humvee. En passant devant leurs tentes, les Américains ont jeté une poignée de dollars, en guise de compensation. J'ai pensé : "Mais peut-être que ces Koutchis ils les aimaient, leurs chiens !" »

Bien au chaud dans mon sac de couchage, j'ai beau me dire qu'il ne faut pas généraliser, que tous les soldats américains ne sont pas comme ça, que le haut commandement finira pas s'apercevoir de tels excès, je n'arrive pas à surmonter mon pessimisme. En Afghanistan, l'Otan est comme une armée coloniale, bien qu'elle n'ait aucune arrière-pensée d'exploitation économique ultérieure du pays conquis. Mais je me dis qu'aucun colonisateur n'a jamais réussi sans empathie pour le pays qu'il colonisait. Savorgnan de Brazza a réussi avec les Congolais, car ces derniers ont senti qu'il les aimait et les respectait. Envoyer en Afghanistan des soldats foncièrement indifférents à la population, voire désinvoltes, ignorant les langues et les mœurs du pays, c'est une entreprise coloniale vouée à l'échec.

Le lendemain, j'eus un entretien avec l'officier de renseignements de la brigade canadienne. Cet homme pondéré, intelligent, travailleur, compétent, me fit un excellent exposé sur la situation. Mais je lui ai répondu : « Mon colonel, ce qui est dommage, c'est que vous n'êtes ici que pour une rotation de six mois. On demande à l'Afghanistan de s'adapter au rythme des armées occidentales, alors que ce devrait être l'inverse.

« Votre état-major aurait dû vous demander si vous étiez prêt à consacrer quatre ans de votre vie à l'Afghanistan. Puis vous envoyer six mois à l'université pour y apprendre le pachtoune. Les six mois d'après, il vous aurait fallu les passer dans une ONG à forer des puits, afin de vous familiariser avec la population afghane. Enfin seulement auriez-vous été vraiment opérationnel, c'est-à-dire capable d'aller dans les villages vous asseoir dans les chouras pour discuter et passer des deals avec les chefs de tribu, les convaincre qu'ils avaient plus intérêt à travailler avec vous qu'avec les talibans qui viennent les voir la nuit ! » Le plus troublant fut que le colonel canadien n'exprima pas le moindre désaccord avec ma vision des choses. Simplement, personnellement, il était bien content de savoir qu'il allait très prochainement retrouver sa famille à Montréal. Son devoir de soldat, le colonel est prêt à le faire comme tous ses autres camarades. Mais, clairement, l'Afghanistan n'est pas pour lui l'aventure de sa vie.

*

* *

Cette expérience militaire avec les Canadiens m'a passionné, mais je n'ai pas envie de repartir pour Kaboul sans avoir fait un peu de « journalisme normal », c'est-à-dire sans accompagnateur militaire. Un confrère canadien me donne le numéro de portable de son fixeur local, un Pachtoune de haute lignée, jouissant d'un solide réseau de protections à Kandahar. Avec lui comme accompagnateur, la visite de la ville présente un minimum de danger. Il vient me chercher en voiture à la sortie du camp de l'Otan. Il m'a apporté des vêtements locaux, pour que je passe relativement inaperçu. Nous démarrons. Sentiments d'appréhension et de liberté mélangés.

En fin d'après-midi, lorsque le soleil ne brûle plus et qu'il colore en orange la roche des montagnes qui l'entourent, la ville de Kandahar commence à avoir un peu de charme. Longues galettes ovales, les nans tout chauds sortent des boulangeries, pour être accrochés sur des éventails, balançant leurs effluves salés. Le quartier du bazar s'anime de centaines d'hommes enturbannés et, en nombre beaucoup plus restreint, de femmes, recouvertes des pieds à la tête de burqas bleu turquoise. Les vanniers exposent leurs plus belles cages à oiseaux.

La circulation s'épaissit, les rickshaws se faufilent, des policiers crasseux de poussière s'agitent à contretemps, faisant semblant de vouloir remettre de l'ordre dans un mouvement brownien qui désormais leur échappe. Bref, une petite ville orientale qui donne envie de s'arrêter, pour prendre un thé au fond de l'échoppe d'un marchand de tapis.

Il me faut bien une heure pour percevoir qu'il y a quelque chose qui cloche. Kandahar est la deuxième ville d'Afghanistan, pays porté à bout de bras par l'Occident, la température est celle de la Côte d'Azur au printemps, mais je ne vois strictement pas le moindre étranger dans les rues.

C'est que l'ancienne capitale royale est devenue, en l'espace de deux ans, la ville la plus dangereuse du monde pour les Européens.

Pourtant les choses avaient bien commencé, après le départ des talibans de la ville, fin novembre 2001. La population avait bien accueilli ces soldats américains, qui apportaient le droit de jouer à nouveau de la musique et d'envoyer les fillettes à l'école. De nombreux Pachtounes, qui avaient fui au Balouchistan voisin la rigueur puritaine des talibans, revinrent au pays, contents d'investir en masse les fruits de leurs activités passées, qu'elles fussent ou non liées au trafic de l'opium. Les ONG européennes débarquèrent par dizaines, les cartons pleins d'idées de développement « respectueuses des coutumes locales ».

Dans une guest-house où nous nous arrêtons pour boire un thé, de vieux Pachtounes enturbannés me racontent cette période : les soldats américains patrouillaient à pied, l'air bonhomme, donnant des bonbons aux enfants, n'hésitant pas à échanger quelques mots avec les boutiquiers.

Un vent d'espoir se mit à souffler sur la population. Une nouvelle ère commençait, où, avec l'aide de l'Occident, le pays allait enfin se reconstruire, après dix ans d'occupation soviétique, sept ans de guerre civile entre moudjahidine, et six ans de régime obscurantiste taliban. Les fanatiques et les violents avaient enfin cédé le haut du pavé aux gens instruits. Aux élections de 2004, le peuple vota en masse pour le président Karzaï, croyant sincèrement que ce nouveau gouvernement allait lui apporter sécurité et prospérité.

Mais rien ne vint. Des 35 milliards de dollars d'aide civile déversés par la communauté internationale sur l'Afghanistan, les Kandahari ne reçurent que des miettes.

Non qu'ils fussent discriminés par rapport aux autres Afghans, mais simplement parce que l'argent des projets se perdit, soit dans la poche des pays donateurs (en rapports d'« experts » de toutes sortes), soit dans celle des nouveaux maîtres de Kaboul (en pots-de-vin pour les ministres et fonctionnaires ; ainsi qu'en commissions versées aux heureux adjudicataires des projets par leurs innombrables sous-traitants).

La nouvelle police, frileuse face au crime, mais passée maître dans l'art du racket des honnêtes gens, se fit immédiatement haïr.

Obsédés par l'Irak, les Américains se désintéressèrent de l'Afghanistan, et y réduisirent leurs troupes. Leurs alliés de l'Otan refusèrent trop longtemps d'envisager un déploiement en dehors de Kaboul. Aveugle ou autruche, l'Occident ne voulut pas voir la catastrophe qui se profilait.

En revanche, les talibans, qui avaient reconstitué leurs forces dans leurs sanctuaires des zones tribales pakistanaises, mirent à profit les lacunes de l'intervention occidentale. Ils s'infiltrèrent à nouveau à Kandahar et fomentèrent des attentats contre les militaires occidentaux et contre les lieux symboliques du pouvoir du gouvernement Karzaï. Le cercle vicieux terrorisme-répression était déclenché. Les militaires occidentaux cessèrent de patrouiller à pied. Par peur des attentats, ils se bunkérisèrent, se coupant définitivement de la population qu'ils étaient venus secourir.

Les forces spéciales américaines se mirent en chasse, souvent sur des renseignements défectueux. Les raids de nuit se multiplièrent. Les bavures aussi. Un jeune professeur anglophone, qui requiert l'anonymat, m'en donne l'exemple-type. « Ils arrivent à dix autour d'une maison qui leur a été vendue comme suspecte. Cinq hommes grimpent sur le toit. Les autres placent un explosif sur la porte d'entrée, afin de jouir d'un effet de surprise lorsqu'ils se précipiteront à l'intérieur. Le problème, c'est que lorsque l'explosif détone, les hommes de la maison, réveillés en sursaut, se précipitent dehors pour voir ce qui se passe, et sont immédiatement rafalés par les tireurs embusqués. Après avoir en vain fouillé la maison de fond en comble à la recherche d'armes ou de terroristes, les soldats américains la quittent sans autre forme de procès. Les familles endeuillées par ces bavures ne reçoivent jamais de compensation. »

Le journaliste Tymour Noori me dit qu'il a recensé 25 bavures de ce type au cours de l'année 2007.

Les patrouilles occidentales qui reviennent de l'ouest de la province sont obligées de traverser la ville de Kandahar pour rejoindre l'immense base de l'Otan (13 000 hommes), installée autour de l'aéroport, à vingt kilomètres au sud-est, le long de la route menant à la frontière pakistanaise. Les jeunes soldats apeurés paniquent à l'idée de devoir ralentir. Ils klaxonnent à tue-tête pour s'ouvrir la voie. Malheur à celui qui les entend trop tard. « Il n'y a rien de tel que ces bavures pour aliéner la population, m'explique Tymour Noori. Comme, par ailleurs, l'insécurité est partout, que les bandes criminelles multiplient les kidnappings d'enfants pour obtenir des rançons, que le gouvernement ne donne de lui-même qu'une image de faiblesse et de corruption, les gens commencent à regretter la rude époque du mollah Omar, où la vie n'était pas gaie mais où la sécurité était parfaite. »

Je comprends qu'à Kandahar, la spirale de la violence a tout détruit sur son passage. Les investisseurs ont fui. Les expatriés des ONG également. Le 26 janvier 2008, Cyd Mizell, une des dernières humanitaires qui vivaient à Kandahar, a été enlevée avec son chauffeur par un gang visiblement très bien organisé. Cette Américaine de 49 ans, qui parlait parfaitement le pachtou, avait monté un atelier de couture et de broderie pour les femmes afghanes nécessiteuses. Elle enseignait également l'anglais aux femmes à l'université. Dans un mouvement de courage inouï, 500 femmes de Kandahar se sont réunies trois jours plus tard pour réclamer sa libération. En vain. Le 27 février, son organisation mère, l'Asian Rural Life Development Fund, a annoncé qu'elle avait vraisemblablement été assassinée, ainsi que son chauffeur, père de cinq enfants en bas âge.

La ville n'a plus que trois heures d'électricité par jour, depuis qu'une des deux turbines du barrage de Kajaki (province voisine de Helmand) est tombée en panne. Depuis deux ans, l'US Aid promet qu'elle va la remplacer. Mais, faute de sécurité sur les routes et autour du barrage, rien ne se fait.

La base de l'Otan, elle, brille la nuit de tous ses feux, avec son terrain de hockey, ses immenses réfectoires concédés à une excellente compagnie suisse, ses bureaux et tentes climatisés, ses concerts de rock pour distraire les soldats.

Le problème me saute aux yeux : cette véritable petite ville militaire européenne n'interagit plus avec la grande cité afghane qu'elle est censée secourir. Deux planètes qui s'ignorent.

Dans l'avion militaire qui me ramène le lendemain à Kaboul, je me dis que les armées occidentales, venues à Kandahar avec les meilleures intentions du monde, mais sans le savoir-faire colonial de leurs aînées, sont en train de découvrir l'ampleur de leur inadaptation au terrain afghan et à la guerre asymétrique.

Quand je reviens à Kaboul une année et demie plus tard, j'y trouve une situation sécuritaire considérablement dégradée, comme si l'Otan n'avait entre-temps ni rien compris, ni rien appris.

CHAPITRE 3

Kaboul, les élections, la visite de la prison de Pulli Charkhi

J'ai toujours été, je suis, et je serai toujours, un lent. Mon état normal, c'est de lambiner. Je tiens en horreur la précipitation. A l'école d'officiers de réserve d'infanterie de Coëtquidan, j'étais toujours le dernier à finir le parcours du combattant, à sortir de la douche, à me présenter aux rassemblements, rangers impeccablement cirées. Plus les humains ou les circonstances me forcent à accélérer, plus je ralentis, non par esprit de contradiction, mais par instinct. J'estime qu'à Sarajevo, cette lenteur congénitale m'a sauvé la vie. Plus ça tirait sur l'avenue du Maréchal-Tito – « *snipers' alley* » –, moins je conduisais vite. Les balles, les éclats d'obus, c'est aléatoire et ça ne se contrôle pas. En revanche, la panique – la vôtre ou celle des autres –, ça s'évite, ça se gère, toujours par un petit supplément de lenteur. Je suis très fier de ne pas avoir eu le moindre accident de voiture dans la capitale bosniaque assiégée.

Rien ne satisfait davantage mon tempérament de lent qu'un reportage décidé bien à l'avance. Ce voyage, on a le temps de le rêver, de le penser, d'en parler autour de soi, d'en désamorcer les peurs. Mon retour en Afghanistan, à la mi-août 2009, s'est inscrit dans cette heureuse tradition. Dès le début de l'été, j'ai su que j'irais couvrir les élections présidentielles prévues pour le 20 août, que les talibans s'étaient juré de saboter. Le 15 juillet, j'avais appelé mon vieil ami Jon Swain, grand reporter de légende du *Sunday Times*, et francophile acharné. Etant donné la passion qu'ont toujours eue les Anglais pour l'Afghanistan, j'avais deux chances sur trois que Jon y soit aussi envoyé. Bien sûr, il y allait. J'étais rassuré, j'aurais au moins un ami journaliste à Kaboul, avec qui travailler. J'ai une immense admiration pour Jon Swain, qui a 40 années de reportage international derrière lui, contre seulement 25 pour moi. Il est l'un des très rares journalistes à avoir vécu la chute de Phnom Penh en avril 1975, à avoir assisté en personne au début du déchaînement de la folie idéologique et de la violence bestiale des Khmers rouges. Dans le célèbre film *Killing Fields* (*La Déchirure*), son personnage apparaît, joué par un jeune acteur blond qui lui ressemblait.

Car, dans l'enceinte surpeuplée de réfugiés de l'ambassade de France encerclée par les Khmers rouges, Jon donna son passeport à un Cambodgien, dans l'espoir de lui sauver la vie. De toute son expérience de jeune journaliste en Indochine, Jon Swain a tiré un ouvrage magnifique, *River of Time*, qui est mon livre préféré sur la région, à égalité avec *Orient Extrême* de Robert Guillain.

Etre deux sur un coup, c'est souvent plus efficace et surtout plus jouissif. A deux on a davantage d'idées d'angles de reportage que seul, et on les améliore sans cesse. Comme dans les autres domaines de l'activité humaine, la vérité est toujours dialectique. Le plaisir, aussi. A quoi sert-il d'éprouver des émotions fortes – peur de l'inconnu, excitation du danger, fascination pour des vies d'homme si différentes, volupté devant la beauté jamais vue d'un paysage ou d'un visage – si l'on ne peut les partager avec personne au moment même où on les ressent ?

Une demi-journée après mon arrivée à Kaboul, alors que je suis en train de couvrir la fin de la campagne électorale – où grosso modo les Tadjiks rêvent d'un président tadjik, les Hazaras d'un hazara, les Pachtounes d'un pachtoune, et où les Kabouli sont nostalgiques de l'époque du Dr Najibullah (président communiste réformateur, déchu de son pouvoir par les moudjahidine en 1992, pendu par les talibans en 1996) –, j'apprends, par un ami afghan, que sont détenus, au sein de la célèbre prison nationale de Pulli Charkhi, un certain nombre de jeunes « *suicide bombers* » pakistanais. Je me dis qu'il serait passionnant de comprendre les mécanismes de recrutement et de conditionnement psychologique de ces jeunes gens, mis en œuvre par les chefs des talibans ou d'Al-Qaida. Je m'enquiers des démarches administratives nécessaires pour une telle visite de prisonniers : il faut la signature du ministre de la Justice et celle du directeur général de l'administration pénitentiaire. Lorsque le lendemain matin, un lundi, Jon vient prendre un café avec moi à mon hôtel, je lui parle de ce projet, qui l'enthousiasme aussitôt. Nous écrivons une requête commune à en-tête du *Sunday Times* et du *Figaro*, et Jon file au ministère de la

Justice. Travaillant pour un hebdomadaire, il n'a pas d'article à écrire pour le jour même, contrairement à moi, qui travaille pour un quotidien. Nous savons qu'il faut agir vite, décrocher cette autorisation pour mercredi au plus tard, dernier jour avant longtemps où la prison fonctionnera normalement.

Jour de scrutin, le jeudi 20 août est férié ; le vendredi aussi (c'est l'équivalent de notre dimanche) ; et après commence le ramadan… Jon se débrouille comme un chef et revient avec les autorisations pour le mercredi. Nous voilà partis, avec un interprète, et mon vieil ami Paul, photographe libanais. Nous prenons deux voitures, dans l'hypothèse où l'une d'elle tomberait en panne en route.

Il est impossible de parvenir aux portes de la prison de Pulli Charkhi, sans se couvrir entièrement de poussière. Vingt kilomètres après la sortie de Kaboul, il faut quitter la grande route, globalement asphaltée, de Djallalabad, pour emprunter un chemin cabossé, qui traverse bientôt un charmant village, où des femmes en burqa bleue déambulent devant des étals de fruits multicolores, tenus par des commerçants à barbe blanche. Quelques kilomètres plus loin, nous tombons sur un premier barrage de soldats afghans, qui vérifient nos lettres officielles d'introduction, puis nous enjoignent de garer nos voitures à l'ombre d'un mur de terre séchée. Il nous reste plus d'un kilomètre à faire à pied, à travers un interminable terrain vague, assommé de soleil et balayé par des nuages de sable blanc. Aucun véhicule non gouvernemental n'a le droit de s'approcher de l'immense centre de détention (mur d'enceinte de 1 kilomètre de côté et de 7 mètres de haut), planté au beau milieu d'un plateau désertique, où le vent ne s'arrête jamais de souffler. Interdiction absolue de photographier les bâtiments.

De loin, émergeant d'un nuage de poussière, la prison, pentagone massif et tout gris, nous impressionne. Nous marchons, d'une dune à l'autre, passablement excités et intrigués : nous n'avons aucune idée de ce que nous allons trouver à l'arrivée. Le vent a chassé les nuages, le soleil éclaire les hauts murs de la forteresse, nous sommes entourés de montagnes très brunes, de désert jaune pâle, de ciel profondément bleu. On se croirait soudain comme dans un film. Il ne manque que Peter O'Toole, enveloppé de voiles blancs, en T.E. Lawrence. Je dis à Jon, en français : « Quand même, quel beau métier on fait ! »

Il me sourit et, tous les deux d'excellente humeur, nous reprenons notre conversation commencée dans la voiture : quel prénom donner à la petite fille qui va bientôt naître en Angleterre, et dont il est le père...

Dans ce métier de reporter, on a parfois, comme ça, des flashes d'intense bonheur. Ça arrive sans prévenir. Je me souviens avoir dit exactement la même chose à deux confrères français, assis au fond d'une pirogue qui prenait l'eau, au milieu du Stanley Pool, éclairé des mêmes rayons de soleil doré. C'était en 1996, nous avions quitté Brazzaville, qui était la proie d'une impitoyable guerre civile entre trois ethnies rivales. Pas d'avion, pas de train, pas de route sans barrages de miliciens avinés et imprévisibles : la pirogue et la traversée du grand fleuve Zaïre vers Kinshasa étaient le seul moyen de s'exfiltrer vers l'Europe. En invoquant la solidarité des « anciens de Coëtquidan », j'avais, sur la terrasse de la Case de Gaulle (où je logeais avec, pour seul compagnon, l'intendant de l'ambassade de France) invité un capitaine congolais à boire le café. Affilié à la faction de Kolela, maire de Brazzaville, il tenait la zone où est située la grandiose Résidence de France, dont le jardin donne sur le fleuve. J'avais obtenu sa promesse que ses hommes ne tireraient pas sur moi lorsque ma pirogue aurait quitté la rive. J'avais ensuite appelé grâce à mon téléphone satellite la chancellerie – bâtiment situé dans une zone contrôlée par une autre faction, où l'ambassadeur Césaire dirigeait nuit et jour son état-major de crise –, pour parler à mes deux confrères qui y logeaient, Danièle Rouard du *Monde* et Stephen Smith de *Libération*.

« Juste pour vous dire que j'ai négocié une pirogue pour passer à Kinshasa...

— Ok, Renaud, attends-nous, nous sommes chez toi dans moins d'une heure. »

Nous étions les trois derniers reporters internationaux à camper dans cette capitale naguère prospère, où une tentative de démocratie élective avait tourné en bain de sang généralisé entre ethnies du fleuve et ethnies de l'intérieur du pays.

Cet après-midi-là, à genoux à l'avant de ma pirogue, je regardais s'éloigner les buildings du centre de Brazzaville, dont certains dégageaient une grosse fumée. Le fleuve, presque jaune, charriait en silence toutes sortes de lianes et de pièces de bois. Sur fond sonore de tirs de mortiers de plus en plus assourdis, le soleil déclinant donnait un air féerique à ces eaux nonchalantes du fleuve Zaïre. L'espace d'un instant, tous mes soucis disparurent. Je ne pensais plus aux difficultés que nous rencontrerions fatalement de l'autre côté du fleuve dans les ajoncs où se cachaient les jeunes soldats de Kabila à la discipline plus que douteuse, qui venaient de prendre la capitale zaïroise.

J'étais saisi par la beauté et le silence du moment, que ne troublait que le bruit mouillé de la pagaie du piroguier. Et je ne pus m'empêcher de me retourner vers mes deux amis, pour leur crier : « Tout de même, on fait vraiment un beau métier ! »

Ma rêverie s'interrompt quand, marchant derrière Paul et Jon, je trébuche sur une grosse pierre au sommet d'une dune. Je jette un coup d'œil aux murailles massives de la prison, et l'excitation me reprend. Pas un seul Afghan n'entend sans frémir le mot de Pulli Charkhi. Du temps de l'occupation soviétique (1979-1988), c'est là que les communistes locaux au pouvoir torturaient et fusillaient leurs différents opposants (rouges de la mauvaise obédience, royalistes, ou sympathisants des moudjahidine de la résistance islamique). Durant le régime de l'Emirat islamique d'Afghanistan (1996-2001), les talibans, partisans d'une justice plus rapide, négligèrent la prison : cinquante coups de fouet pour une contravention, la main coupée pour un vol, la pendaison pour un meurtre. Avec l'arrivée des milliards de dollars de l'aide américaine à partir de 2002, la prison s'est modernisée. Une nouvelle aile a été ajoutée, surmontée d'épaisses tours de guet en béton, garnies de bouquets de mitrailleuses 12,7. Deux hauts murs tout lisses isolent de l'extérieur le bloc 7 de haute sécurité, qui dispose lui-même de sa propre sécurité.

On n'est jamais trop prudent : le 13 juin 2008, un commando de 30 talibans à moto, précédé de deux véhicules-suicide, attaqua la prison de Kandahar, tuant 15 de ses gardiens, avant que les autres s'enfuient. 1 200 prisonniers s'échappèrent, dont 400 talibans, arrêtés à grand mal par les forces de l'Otan, au cours des six années précédentes.

La série des check-points recommence : fouille au corps, matériel scruté à la loupe, cellulaires confisqués pour toute la durée de notre visite dans la prison. Derrière le premier mur d'enceinte, nous découvrons un charmant petit jardin de roses, avec une petite table pour le thé des gardiens, unique endroit d'humanité de ce monumental pentagone.

Enfin, nous arrivons à la porte du bloc 7, réservé aux *suicide bombers* et autres dangereux terroristes. Lorsque nous demandons au surveillant en chef combien de *suicide bombers* sont hébergés au bloc 7, il répond laconiquement : « Désolé, je n'ai pas le droit de vous le dire… » Il nous introduit dans son bureau et nous fait asseoir sur des canapés défoncés et pas vraiment propres.

Lorsque le détenu pakistanais Abed, condamné à une peine de réclusion de 20 ans, est amené dans le bureau du surveillant en chef, à l'entrée de ce bloc de haute sécurité de la prison de Pulli Charkhi, son allure est celle de n'importe quel jeune homme du peuple qu'on rencontre dans les bourgades du Pendjab, province orientale du Pakistan. Visage caramel ourlé d'une barbe noire et coiffé d'un petit bonnet brodé, chalwar-kamis beige, sandales hors d'âge, Abed ressemble à tous ces pauvres travailleurs intermittents qui louent leurs bras à la petite semaine pour échapper au chômage. Il s'assoit calmement, refuse poliment de prendre un morceau de pastèque apporté par les gardiens et, dans ce bureau sommaire, où flotte une légère odeur de fromage rance, il commence, dès notre première question, à raconter en dari son hallucinante mésaventure.

Né en 1987, fils aîné d'un Pendjabi parti travailler en Arabie Saoudite, Abed quitte l'école dès l'âge de 11 ans. Avec ses quatre frères et ses deux sœurs, il vit à Multan, chez sa mère, femme au foyer nourrissant sa famille grâce aux mandats que lui envoie son mari. La plupart du temps il est au chômage mais travaille un moment comme apprenti chez un boulanger. Son frère cadet se débrouille mieux, qui trouve un emploi fixe dans une fabrique artisanale de meubles. En 2007, un loueur de main-d'œuvre lui trouve un contrat à 150 roupies (3 dollars) par jour, pour travailler à Karachi, dans le quartier de Manzoor Colony, pour une PME qui fabrique des bonbonnes d'eau réfrigérée en plastique. Là, un certain Abdul Rafur, originaire comme lui de Multan, mais employé d'un niveau supérieur – il est peintre d'affiches publicitaires –, se lie d'amitié avec lui. Comme Abed, Abdul Rafur n'est pas un musulman très strict : il ne se rend à la mosquée que pour le prêche du vendredi. A l'occasion des vacances de l'Aïd-el-Kébir, en décembre 2007, tous deux rentrent ensemble à Multan, pour célébrer en famille la grande fête musulmane. Le surlendemain, Abdul Rafur propose à son ami de l'emmener à ses frais visiter les magnifiques montagnes du Waziristan.

A leur descente d'autocar à Wanna, Abdul Rafur et Abed se dirigent à pied vers le bazar, où le premier offre au second un somptueux dîner. Puis Abdul Rafur amène Abed « chez des vieux amis », où les deux jeunes hommes vont passer la nuit. Le séjour se prolonge ; les hôtes sont d'une amabilité parfaite ; Abed ne saisit pas tout de suite qu'il est tombé chez des talibans. Au demeurant, ne lisant jamais les journaux, Abed ne sait pratiquement rien sur eux.

Ces charmants garçons de Wanna commencent à lui enseigner le Coran et les hadiths du Prophète. Cette formation plaît à Abed, qui aspire à devenir un bon musulman. Puis les talibans se mettent à montrer à Abed des vidéos sanglantes, présentant les corps déchiquetés de femmes et d'enfants, « massacrés dans les villages par les bombes lâchées par les drones » des Américains, qualifiés de « grands ennemis de l'Islam et des musulmans ».

« J'ai tout de suite été choqué. J'ai senti quelque chose de très fort dans mon cœur.

Comment ces Américains pouvaient-ils se permettre de tuer des femmes et des enfants qui ne leur avaient rien fait ? » poursuit Abed de sa voix douce, tout en refusant la cigarette que lui offre notre interprète.

A la fin de son premier mois à Wanna, Abed réalise qu'il ne voit plus son ami Abdul Rafur dans les parages. « Oh, il est parti il y a deux jours, lui expliquent ses nouveaux amis talibans, mais, toi, tu peux rester chez nous autant que tu voudras. »

Entrecoupées de prières et de repas délicieux, les séances d'endoctrinement religieux et politique se poursuivent. Un soir, Abed est présenté au mollah Nazir, 35 ans, grand chef taliban de Wanna, qui l'accueille avec chaleur, lui offrant immédiatement son amitié. Au bienveillant et pieux Nazir, qui ne se déplace jamais sans son colt à la ceinture et trois gardes du corps armés de Kalachnikov, tout le monde s'adresse avec grand respect.

Lors d'une séance d'enseignement religieux, les talibans révèlent à Abed un « hadith » du Prophète, dont il n'avait jusque-là jamais entendu parler : « Celui qui meurt en martyr dans la guerre sainte obtiendra, le jour du Jugement dernier, que Dieu fasse passer 70 membres de sa famille directement d'enfer au paradis. »

Quelques semaines plus tard, un soir qu'Abed se trouve en tête à tête avec lui, invité à prendre le thé, il ose lui dire : « Cheikh Nazir, je suis profondément révulsé par ce que ces étrangers font aux musulmans. Comment pourrais-je participer à la guerre sainte que vous menez ?

— Mon cher Abed, je suis désolé, tu es jeune et sans expérience militaire, je ne peux me permettre de t'emmener au combat contre les infidèles avec mes hommes !

— Mais, cheikh Nazir, j'aimerais tellement me rendre utile, et avoir ma part dans votre djihad !

— Franchement, le seul moyen que je vois pour te faire participer à notre djihad est que tu te fasses exploser au milieu des soldats infidèles. Mais tu sais, tu n'es pas obligé d'accepter. Même chez nous, les héros sont rares. Quelle que soit ta décision, tu resteras toujours notre ami...

— Cheikh Nazir, ma décision est prise, je suis prêt à sacrifier ma vie pour l'islam ! »

A partir de ce moment-là – le lavage de cerveau a duré en tout plus de cinq mois –, les choses vont aller très vite.

Un matin, Nazir arrive avec deux talibans, dont il ne donne pas les noms à Abed. Le mollah lui dit : « Ces deux hommes vont te conduire à ta cible, qui est un “check-point” (dans son dari rustique, Abed utilise le mot anglais). Tous les soldats qui tiennent les check-points sont des infidèles. Tu feras exploser le camion qu'on te confiera au milieu d'eux. Prends cette grenade. Au cas où les détonateurs n'auraient pas fonctionné, sors du camion, mêle-toi aux soldats et fais-toi exploser. Surtout, ne te fais pas prendre vivant ! »

Les deux talibans et Abed quittent aussitôt Wanna dans une vieille Datsun, direction plein ouest. Bientôt, ils laissent les lacets montagneux de la route goudronnée pour un chemin de terre. Vers midi, ils s'arrêtent, pour faire ensemble ce qui devra être la dernière prière terrestre d'Abed. Ils repartent, franchissent la frontière internationale à un endroit non gardé et vide de toute présence humaine. Les voici dans la province afghane du Paktika, ayant laissé derrière eux la zone tribale pakistanaise du Waziristan. Mais Abed n'en sait rien.

La Datsun rejoint bientôt une route de bien meilleure qualité. Sur le bord, un vieux camion peinturluré et bâché les attend. Son chauffeur se met immédiatement à apprendre à Abed à le conduire : « Tu passes la seconde, et tu restes comme ça jusqu'au check-point. En conduisant, tu ne cesseras de chuchoter *Allah Akbar* (Dieu est grand). » Le nouveau taliban désigne à Abed quatre boutons répartis sur le tableau de bord. « Chacun est relié à un détonateur. Si le premier ne fonctionne pas, tu appuies sur le second, et ainsi de suite jusqu'au quatrième. Si l'explosion ne se fait toujours pas, voici un cinquième bouton. Tu le presses, il nous enverra un signal, et nous activerons immédiatement le *remote control* que nous avons installé comme dispositif de secours. Tu as bien compris ? »

Les trois talibans étreignent chaleureusement Abed. Alors qu'il grimpe dans la cabine, ils lui hurlent, couvrant le bruit du moteur, une dernière instruction : « Juste avant d'appuyer sur le bouton, n'oublie pas de crier très fort "*Allah Akbar !*" »

Au bout de quelques kilomètres, Abed distingue le check-point. Il doit ralentir car il y a des voitures qui y font la queue. C'est plein de militaires en uniforme.

« Je suis surpris. Ils ne sont pas blancs ! Je les entends se parler en pachtou et en dari. Certains, à l'écart, ont retiré leur casque, pour faire leur prière sur un petit tapis. Il n'y a là pas un seul étranger. Je réalise soudain que je ne suis entouré que par des musulmans ! Il n'y a ici pas un seul infidèle ! Nazir m'a menti ! Je me sens floué. Je descends du camion, m'approche d'un officier de police et lui tends la grenade, que je n'ai pas dégoupillée. »

L'officier emmène dans son bureau Abed, qui lui raconte toute son histoire. Puis l'officier lui explique où il se trouve : au poste-frontière afghan officiel de la bourgade d'Angora Ada, province du Paktika. Abed réalise qu'il a fait une boucle du nord au sud dans le territoire afghan, d'abord dans la Datsun, puis au volant du camion. L'officier invite Abed à dîner et à passer la nuit chez lui. Le lendemain, Abed est confié à un détachement de l'Ana (Armée nationale afghane), qui le conduit, pour interrogatoire, au bureau provincial des services de renseignements afghans. Ce n'est que quarante jours plus tard qu'Abed fera son entrée au bloc 7 de la prison de Pulli Charkhi, où il croupit maintenant depuis quinze mois.

Placé dans une cellule de quatre, en compagnie de trois détenus de droit commun, Abed passe ses journées à faire des petits travaux d'artisanat et à lire le Coran. Il ne manque jamais de faire ses cinq prières quotidiennes.

Lorsque nous lui demandons ce qu'il dirait au mollah Nazir et à son agent recruteur Abdul Rafur si, par extraordinaire, il les avait un jour en face de lui, Abed répond avec un sourire triste : « Je les regarderais droit dans les yeux et je ne leur dirais qu'une seule chose : "Au nom de Dieu, pourquoi, pourquoi, pourquoi avez-vous détruit ma vie ?" »

Paul, qui a pris une dizaine de clichés, les montre à Abed sur l'écran numérique de son Nikon.

Il efface les photos que le prisonnier trouve trop compromettantes pour lui, pour ne garder que des clichés pris de dos, de trois quarts, où le visage de l'apprenti terroriste n'est pas reconnaissable.

Jon et moi restons silencieux, abasourdis par cette histoire. Vingt ans de prison, c'est beaucoup pour un crime qui n'a finalement pas été commis. Certes si des soldats occidentaux s'étaient trouvés là, Abed aurait très probablement actionné ses détonateurs. Mais le fait est que ce jeune homme paumé n'a jamais tué personne dans sa vie. Pour le moment, il est sans doute plus en sécurité à la prison de Pulli Charkhi que chez lui à Multan. Bénificiera-t-il d'une mesure de réduction de peine, d'ici cinq ans, lorsque les talibans l'auront oublié ? La situation est devenue si incertaine au Pakistan et en Afghanistan, que Jon et moi reconnaissons n'avoir pas la moindre idée de l'avenir, même à court terme, pour ces deux pays maudits.

En réfléchissant, nous nous disons que tout n'est pas forcément perdu. Après tout, il ne s'agit là que d'une vaste insurrection pachtoune. En Afghanistan, les Tadjiks, les Ouzbeks, les Hazaras n'ont rien contre les Américains. Même chose, au Pakistan, pour la très grande majorité des Sindhi et des Pendjabi. Les provinces du Sindh (capitale Karachi) et du Pendjab (capitale Lahore) constituent le Pakistan utile, celui de l'agriculture et des industries textiles.

L'insurrection pachtoune – moralement plus qu'effectivement dirigée par le mollah Omar, ancien chef de l'Emirat islamique d'Afghanistan de 1996 à 2001 – se déploie dans tout le « croissant pachtoune », qui part des zones tribales pakistanaises et des provinces afghanes voisines, pour englober ensuite tout le sud de l'Afghanistan et remonter presque jusqu'à Herat et la frontière iranienne. Elle est aussi présente dans les poches pachtounes du nord de l'Afghanistan (Kunduz et Talokan). A la fin du XIXe siècle, l'émir de fer Abdur Rahman, un Pachtoune comme tous les dirigeants afghans depuis 1747, avait envoyé des tribus pachtounes coloniser ces poches du Nord, dans l'espoir de consolider son pouvoir sur l'Afghanistan, pays montagneux plus étendu que la France.

Dans la voiture qui nous ramène à Kaboul (une bonne heure de route en raison des encombrements), Jon et moi devisons de la situation politique du pays.

Que le président afghan Hamid Karzaï soit physiquement menacé par les extrémistes islamistes pachtounes de son pays liés à Al-Qaida ou au mollah Omar est une évidence. Mais ce qui est nouveau, c'est qu'il se trouve aujourd'hui également menacé politiquement. Certains leaders occidentaux, comme le vice-président américain Joe Biden, lui reprochent publiquement l'inefficacité et la corruption de son administration. Une grande partie de ses administrés ne peut que constater, dans la vie de tous les jours, la corruption de la police nationale afghane et la détérioration de la situation sécuritaire dans toutes les provinces du sud et de l'est du pays (le « croissant pachtoune »). Par ailleurs, la population ne cesse de se demander où sont passés les 35 milliards d'aide internationale déversés sur le pays depuis la conférence internationale de Bonn de décembre 2001.

La seule bonne nouvelle est le changement de stratégie annoncée par le nouveau commandant en chef des 100 000 soldats de l'Otan (dont 67 000 Américains), le général Stanley McChrystal. L'accent est désormais mis sur la protection des populations et du pays utile. Admirateur de la théorie de la « tache d'huile » du maréchal Lyautey, le stratège américain estime qu'il est vain de chercher à tuer le plus de talibans possible. Son plan consiste à reprendre aux talibans les zones rurales les plus densément peuplées (comme les zones de culture le long de la rivière Helmand), à y implanter ensuite les forces de sécurité afghanes, à y encourager enfin l'émergence de projets de développement (puits, routes, dispensaires, etc.) financés par l'aide internationale. L'idée est de couper la population des bandes d'insurgés, en attendant que l'insurrection s'éteigne d'elle-même. Par ailleurs, McChrystal veut limiter au maximum l'usage des bombardements aériens, responsables dans le passé d'un trop gros nombre de bavures contre les civils.

Ce qu'il y a de fascinant dans cette guerre occidentale en Afghanistan, c'est qu'on est aujourd'hui arrivé à un point d'équilibre instable. Les choses peuvent aller d'un côté comme de l'autre. Les six prochains mois seront cruciaux. Si McChrystal parvient à améliorer la situation sécuritaire et la gouvernance dans les campagnes, il obtiendra un soutien politique et militaire accru de l'administration Obama et des autres gouvernements des pays de l'Otan. Il entamera un cercle vertueux, aussitôt suivi par le gouvernement pakistanais.

Dans le cas contraire, si rien ne change, les opinions publiques occidentales se lasseront pour de bon, seront suivies fatalement par leurs gouvernements, et l'Afghanistan sera à terme abandonné, livré une nouvelle fois au chaos des seigneurs de la guerre et des djihadistes venus de l'ensemble du monde arabo-musulman. Le début d'un cercle vicieux, aux conséquences incalculables...

Dans un tintamarre de klaxons, d'invectives en dari et de sirènes de police, notre voiture arrive devant la muraille de blocs de béton qui protège des *suicide bombers* l'entrée de l'hôtel Serena (au début de l'année 2008 un commando islamiste avait réussi à pénétrer à l'intérieur de l'hôtel, et à tuer quatre clients européens). Je suis heureux de quitter l'air effroyablement pollué de la rue pour profiter du calme du vaste jardin intérieur de l'hôtel. Je sais qu'avec l'histoire d'Abed j'ai un très bon sujet « en boîte ». Mais avant de me mettre à l'écriture – qui reste toujours un calvaire à coups de thé, de café et de cigarette –, je rêve déjà à la prochaine histoire. Oui, c'est sûr, il faut que je trouve un moyen pour rencontrer ce nouveau général américain, cet Eisenhower de mon époque, et voir ce qu'il a vraiment dans la tête…

CHAPITRE 4

Un commandant en chef peut-il changer le cours d'une guerre ?

J'ai toujours été passionné par l'Histoire. Ça a commencé, en classe de 10e, dans les années 60. Je collectionnais des vignettes autocollantes, que j'allais acheter à la sortie chez la papetière du haut de la rue d'Assas. Ces vignettes représentaient des grandes scènes de l'histoire de France, comme Vercingétorix jetant ses armes aux pieds de César, Jeanne d'Arc à Chinon ranimant l'ambition nationale du futur Charles VII, ou Charles de Gaulle descendant les Champs-Elysées dans l'euphorie de la Libération.

Plus tard, ma marraine m'ayant abonné à *Tout l'Univers*, je me précipitais toujours en premier sur les articles d'histoire. J'adorais quand mon grand-père maternel, qui habitait Pontà-Mousson, et qui avait fait toute la Campagne des Balkans (1915-1918) à la tête d'une compagnie puis d'un bataillon, m'emmenait visiter les tranchées pour m'expliquer la bataille du Grand Couronné de Nancy. Je me souviens comme si c'était hier de ces soirées du mois de juin 1967 où, dans notre jardin de Sceaux, mon frère aîné et moi suivions avec passion, sur un transistor, les victoires de l'armée israélienne dans sa guerre des Six Jours contre l'Egypte, la Syrie et la Jordanie. Un après-midi de mai 1968, élève de 4e, j'avais descendu avec un ami le boulevard Saint-Michel, pour aller acheter des maquettes d'avions de chasse de la Deuxième Guerre mondiale, dans une boutique qui était située sur les quais de Seine. Tout le quartier était en ébullition, avec des barrages de CRS – qui laissèrent passer sans difficulté ces deux gamins en culottes courtes. Les étudiants hurlaient : « CRS, SS ! CRS, SS ! » La Sorbonne était couverte de portraits de Mao. Je ne mesurais pas encore toute l'étendue des crimes du dictateur chinois, mais je me méfiais de la légende que colportait sur lui le journal *Le Monde*, que mon père lisait tous les soirs. Préférer Mao à de Gaulle – que j'admirais – me semblait une aberration.

A 15 ans, élève au lycée Louis-le-Grand, je m'étais rendu à l'enterrement du général de Gaulle à Colombey, emmené par Paul Chaslin, un camarade de Résistance de mon père, qui était venu chercher à l'aube, avec sa DS noire, le « plus gaulliste de ses jeunes amis ». Paul m'avait présenté au général Billotte, l'ancien chef d'état-major du général de Gaulle à Alger. Avec un petit appareil à cassette, je l'avais aussitôt interviewé, pendant qu'Olivier, le fils de Paul, prenait des photos. Mes camarades de Louis-le-Grand, qui étaient tous gauchistes, me prirent pour un fou.

En khâgne, la philosophie me dépassait. J'apprenais par cœur que transcendantal signifiait « relatif aux conditions d'existence a priori de l'expérience », sans me sentir plus avancé pour autant. Quant à la littérature latine, je n'ai jamais réussi à en saisir la musique. Le seul domaine où j'étais vraiment à l'aise était l'Histoire.

Ce qui m'a tout de suite plu, quelques années plus tard, dans ce métier de correspondant de guerre, c'est le rapport qu'on y entretient en permanence avec l'Histoire.

Qu'on la lise dans les livres qu'on emporte avec soi dans l'avion pour comprendre les racines du conflit qu'on va couvrir, ou qu'on la voie, sur le terrain, se faire devant ses yeux, la guerre n'est pas seulement la continuation clausewitzienne de la politique par d'autres moyens, c'est aussi toujours une terrifiante accélération de l'Histoire.

*
* *

Je me souviens, comme d'un plaisir intense, de ma lecture, à l'ombre des saules de la vallée de Djegdalek (est de l'Afghanistan), du *Royaume de l'Insolence* de Michael Barry. Le groupe de moudjahidine qui nous avait emmenés là, à la fin de l'été 1986, attendait le moment propice pour lancer une embuscade contre un convoi soviétique sur la route Kaboul-Djallalabad. Eric et moi n'avions rien à faire, à part boire du thé et nous baigner dans des torrents d'eau glacée. J'avais glissé dans mon sac à dos cette histoire brillante de l'Afghanistan, qui venait d'être publiée à Paris.

La lecture de ce livre, à la faveur de ces délicieuses journées d'attente, ne constituait pas un exercice intellectuel désincarné.

Ces farouches combattants afghans, qui avaient défait l'armée britannique au milieu du XIXe siècle, je les avais devant moi, défiant la grande puissance de mon époque, l'URSS. Avec ses chasseurs-bombardiers supersoniques, ses hélicoptères d'attaque blindés, ses chars d'assaut si lourds, l'Armée rouge semblait invincible. Malgré cela, les combattants afghans ne se résignaient pas à l'occupation de leur pays. Plus ils semblaient stratégiquement affaiblis, plus leur résolution de combattre s'affermissait, comme s'ils étaient sûrs de l'issue finale : les Soviétiques finiraient pas rentrer chez eux. Dès la fin de cette année 1986, les premiers missiles portables sol-air Stinger furent livrés par la CIA aux moudjahidine et cela changea le cours de la guerre : les hélicoptères d'attaque de l'Armée rouge, désormais vulnérables, ne servaient plus à rien.

Dix ans plus tard, en 1996, je me rendis à Kaboul, juste après la prise de la ville par les talibans. Ces derniers ne montraient à l'époque aucune hostilité particulière à l'endroit des Occidentaux. Ils étaient très honnêtes et plutôt serviables. Quand ils arrêtaient ma voiture, la seule chose qu'ils vérifiaient était que je n'eusse pas de cassette de musique.

Pour ces puritains de l'islam, la danse, la chanson, la musique – bref, toute forme d'amusement public – étaient bannies. Les talibans pensaient que les femmes devaient rester à la maison. Pour les hommes, ils ne concevaient que trois types de rassemblements publics : la mosquée (pour le prêche du vendredi mais aussi pour les cinq prières de la journée) ; le stade (pour assister aux exécutions publiques de ceux qui avaient enfreint la loi de Dieu) ; le champ de bataille, où tout jeune Pachtoune se respectant devait montrer sa bravoure.

Né dans les *madrasas* (écoles religieuses) de l'ouest du Pakistan et du sud de l'Afghanistan – zones entièrement pachtounes –, le mouvement des talibans (étudiants en religion) avait été, à sa création, très bien reçu par la population, car il mit fin aux exactions des seigneurs de la guerre issus du mouvement moudjahidine. Celui qui allait devenir le chef incontesté des talibans, le mollah Omar, n'était au départ qu'un modeste mais respecté professeur de théologie dans un village de la région de Kandahar. Un jour, des parents vinrent le trouver pour se plaindre de ce que leur fillette venait d'être enlevée par un commandant local. Le mollah Omar et ses étudiants prirent leurs armes, se rendirent à la ferme fortifiée du kidnappeur, et le pendirent sans autre forme de procès.

Les talibans s'attaquèrent ensuite aux bandits qui rançonnaient les camionneurs sur la route entre Quetta (capitale de la province pakistanaise du Balouchistan) et Kandahar. Pour la première fois depuis 1979, les routes afghanes redevinrent sûres. L'absence de corruption des chefs talibans fit très rapidement leur popularité. Mais, d'un conservatisme social plutôt bien admis par la population, ils passèrent ensuite à un fanatisme qui leur aliéna les classes moyennes : refus de la scolarisation des filles et du travail des femmes dans les hôpitaux ou les écoles. Dès 1997, le mollah Omar, homme fruste n'ayant jamais voyagé, passa sous l'influence d'Oussama Ben Laden, qui, en provenance du Soudan, s'était installé en 1996 dans la région de Djallalabad, à l'invitation du chef de guerre Sayyaf, que les Saoudiens avaient financé durant la guerre contre l'Union soviétique. Au début de l'année 1996, le chef des services secrets soudanais était allé à Washington pour proposer aux Américains de leur livrer Ben Laden. Le régime islamiste de Khartoum souhaitait en effet se rapprocher de l'Occident. Il avait déjà livré à la France le terroriste Carlos. L'administration Clinton refusa l'offre soudanaise, car le département de la Justice avait fait savoir qu'il n'y avait pas d'éléments suffisants pour inculper le jeune milliardaire saoudien. C'est ainsi que Ben

Laden put tranquillement, avec tous ses amis, quitter le Soudan pour l'Afghanistan, à bord d'un Boeing 727 qu'il avait affrété...

Mais en ce mois d'octobre 1996 à Kaboul, où je vivais dans le *compound* d'Action contre la Faim (organisation humanitaire dont j'étais, à Paris, l'un des administrateurs), on parlait encore très peu de Ben Laden. L'important était les combats entre les talibans et Massoud, qui se poursuivaient, au nord de la capitale, dans la plaine de Chamali. Pour sortir de Kaboul et aller vers le front, je prétendais que j'appartenais à l'Onu et montrais une carte de mon club de squash : ça marchait. Mais je ne parvenais jamais à aller jusqu'à la première ligne. Un matin, les nouveaux ministres talibans reçurent pour un thé quelques journalistes occidentaux, dans un grand salon du ministère des Affaires étrangères. Ils nous expliquèrent que Massoud, comme les autres chefs de mouvements moudjahidine, devait se rendre, pour obéir au mollah Omar, élu par ses pairs talibans « Commandeur des Croyants », et donc chef de l'Etat, dont la nouvelle dénomination était « Emirat islamique d'Afghanistan ». Enturbannés, assis sur des coussins en tailleur, il arrivait aux ministres de se passer les doigts entre les orteils.

Je pris cela pour une marque de désinvolture, voire de mépris, à l'égard de leurs hôtes occidentaux. J'avais tort : se gratter les pieds en public en Afghanistan n'est pas plus impoli que, chez nous, se gratter le sommet du crâne. Après dix jours passés à Kaboul – où l'on pouvait encore aller boire, le soir, des gin and tonic au « Club de l'Onu » –, je voulus aller voir l'autre côté du front, celui du Commandant Massoud.

Conseillés par nos amis humanitaires d'ACF, Eric et moi prîmes un avion du CICR (Comité international de la Croix-Rouge de Genève) pour Mazar-i-Sharif, grande ville du nord de l'Afghanistan, qui était encore sous le contrôle du général Dostom, impitoyable chef de la communauté ouzbèke. Là, nous louâmes les services d'un chauffeur tadjik, qui conduisait une vieille limousine Volga datant de l'époque soviétique. Par une route délabrée mais aux paysages de montagne magnifiques, nous descendîmes jusqu'à Djaboul Saraj, bourgade située à l'entrée de la vallée du Panchir, où Massoud avait établi son état-major. Nous nous installâmes dans les locaux d'une ONG britannique désertée par ses humanitaires européens, dont l'intendant afghan proposait, pour 20 dollars la nuit, le droit de dormir à même le sol, dans une pièce à moitié propre... Meiraboudine, un Afghan anciennement réfugié à Paris, qui travaillait dans l'entourage de Massoud, nous présenta au chef de guerre légendaire des Tadjiks. Nous recrutâmes immédiatement Meiraboudine comme interprète, car Massoud avait oublié à peu près tout le français qu'il avait appris jadis, du temps du roi Zaher Shah, au lycée français Esteqlal de Kaboul. Grâce à Meiraboudine, nous devînmes familiers de Massoud et de son principal conseiller politique, le Dr Abdullah Abdullah, médecin formé en Inde et donc parfaitement anglophone. Le jour où Massoud reprit, après quelques escarmouches, le contrôle de la base aérienne de Bagram, nous étions avec lui. Au soleil, sur le tarmac de ce qui avait été la plus grande base aérienne de l'Armée rouge – et de ce qui est aujourd'hui la plus grande base de l'US Air Force –, je branchai mon téléphone satellite sur la batterie de la Volga, et j'appelai la *newsroom* de CNN à Atlanta. « *Ok, Renaud, your are on the air in four minutes !* » A partir de ce moment-là, j'assurai la correspondance de la chaîne satellitaire américaine pour le côté Massoud de la guerre, pendant que Christiane Amanpour couvrait le front côté talibans. Il m'arrivait de prêter le téléphone au Dr Abdullah, afin qu'il donne son point de vue aux interviewers de CNN.

Un matin à l'aube, Massoud vint nous chercher dans sa jeep, pour nous emmener au combat avec lui. Nous montâmes au sommet d'une colline de la plaine de Chamali, d'où Massoud donnait, par radio, ses ordres à ses lieutenants. Dans cet air très pur de l'automne, la visibilité était extraordinaire. De notre point haut, sous un soleil magnifique, nous distinguions parfaitement les unités d'infanterie qui progressaient le long des murets de terre sèche, ainsi que les impacts – petites boules de poussière – des duels d'artillerie avec les mortiers des talibans. C'était beau comme du cinéma. Le doigt sur une carte où les noms des villages étaient écrits en persan, Massoud m'expliquait sa stratégie de prise en tenailles d'une bourgade, verrouillant la route menant à Kaboul. Le front avançait. Massoud n'était plus qu'à 25 kilomètres de la capitale. J'écrivis pour mon journal un article lyrique, comparant ma situation à celle d'un gazetier qui eût suivi Bonaparte sur le champ de bataille d'Austerlitz. Bien que très simple dans sa mise et dans sa manière de s'adresser aux gens, Massoud avait un charisme exceptionnel. Avant de prendre une décision tactique ou stratégique, il consultait beaucoup, laissant parler les chefs de tribu locaux sans les interrompre. Mais une fois qu'il avait pris sa décision, il l'appliquait sur-le-champ. Malgré la sympathie que m'inspirait le personnage, je ne me faisais guère d'illusion sur le fossé idéologique qui nous séparait. Etudiant islamiste, il avait combattu dans sa jeunesse, au même titre que ses camarades d'université communistes, le gouvernement du roi Zaher Shah, qui m'était toujours apparu comme le meilleur régime qu'ait eu l'Afghanistan. Je remarquais que dans les zones que contrôlait Massoud les droits des femmes – toutes vêtues de la burqa – ne semblaient guère plus étendus que sous les talibans.

Eric et moi décidâmes de rester encore quelques jours à Djaboul Saraj, estimant que la prise de Kaboul par Massoud était imminente, et qu'entrer dans la capitale sur sa jeep ferait un reportage sensationnel. Mais un matin, Massoud nous annonça que nous ne le verrions plus pendant trois jours, parce qu'il avait l'intention de rendre visite à sa famille dans le Panchir. Je dis alors à Eric : « Il ne prendra jamais Kaboul.

Bonaparte n'interrompt pas une campagne pour retrouver Joséphine à Paris ! Il est temps d'organiser notre retour... »

Ce jour-là, je sentis le souffle de l'Histoire passer sur ma nuque, comprenant que Massoud ne serait jamais le Napoléon de l'Afghanistan et que les talibans étaient là pour rester. Mais, pas une seconde, je n'imaginai que les choses allaient ensuite très mal se passer ; que Ben Laden allait prendre cette importance ; que l'Afghanistan servirait de base pour une attaque contre les Etats-Unis ; que les Américains sur-réagiraient ; qu'ils se lanceraient, avec les meilleures intentions du monde, dans deux très longues guerres de type colonial ; et que je serais amené à les couvrir toutes les deux.

Mon rapport à l'Histoire est, hélas, plus sensuel qu'intellectuel. Parfois, je la sens physiquement se faire autour de moi, je perçois l'importance potentielle des événements que je couvre, mais l'avenir reste toujours flou à mes yeux. Après mon séjour afghan de 1986, j'avais perçu l'échec de l'Armée rouge mais je n'avais nullement prévu l'effondrement imminent de l'Union soviétique. Après celui de 1996, j'avais perçu la force du mouvement taliban, mais je n'avais pas prévu que, treize ans plus tard, l'Afghanistan constituerait le principal enjeu stratégique de l'Occident.

*

* *

J'ai toujours pensé que l'Histoire était faite par de grands acteurs. Je ne crois pas aux fatalités historiques du marxisme. La Première Guerre mondiale, c'est-à-dire le suicide de l'Europe, n'était nullement irrémédiable. Si le caractère de l'empereur d'Allemagne Guillaume, du tsar de Russie Nicolas et du président français Poincaré avait été un tant soit peu différent, la catastrophe aurait été évitée. Si Lénine n'avait pas eu une aussi forte personnalité, et si les Allemands ne l'avaient pas aidé à passer clandestinement de Finlande à Petrograd, la révolution bolchevik d'Octobre – au départ une simple mutinerie – n'aurait jamais réussi.

En cette douce matinée ensoleillée de septembre 2009 à Kaboul, sirotant un thé sur la pelouse bordée de roses du restaurant de mon ami Hamid Akram, je me dis que la guerre en Afghanistan n'est pas fatalement perdue pour l'Occident et que le nouveau commandant en chef nommé par Obama, qui vient d'annoncer une nouvelle stratégie et de demander des renforts substantiels, peut encore changer le cours des choses. Mon goût pour l'Histoire – faite par les hommes – me pousse à vouloir le rencontrer.

Je souhaite voir par moi-même si ce général est à la hauteur de son destin.

Mais tous les mails que j'avais envoyés aux innombrables officiers de presse de l'état-major de l'Otan pour demander une interview avec le général McChrystal m'étaient revenus avec une réponse négative. On me demandait de prendre mon rang dans la queue des centaines de journalistes ayant fait avant moi la même requête. Un colonel américain m'expliqua que certains de mes confrères « *had been gathering material for months* » dans la perspective d'un tel entretien. Sans grand espoir, j'avais maintenu ma demande, en expliquant que du « matériel » sur l'Afghanistan, j'en avais personnellement amassé depuis 1986…

Dans le journalisme, l'obstination est une qualité parce qu'elle amène souvent la chance. Lors d'un dîner chez l'ambassadeur de France offert pour les militaires français, je sympathise avec un général de brigade, que je ne connaissais pas. Comme tous les garçons de ma génération, je n'ai fait qu'un an de service militaire : cinq mois à l'école d'officiers de Coëtquidan, sept mois comme aspirant, chef de section de combat au 27e Bataillon de chasseurs alpins d'Annecy. Cette courte expérience militaire n'a bien sûr pas fait de moi un guerrier efficace, mais elle m'a donné des notions qui me sont très utiles dans ma carrière de reporter de guerre : entendre une balle siffler ne signifie pas qu'elle est passée à 20 centimètres de votre oreille ; se jeter derrière un muret ou dans une rigole d'irrigation suffit à se protéger contre les éclats d'un obus de mortier ; on attrape toujours froid par les pieds ou par la tête ; même dans les manœuvres les mieux organisées, les choses ne se déroulent jamais comme prévu ; etc. Le général que je rencontre ce soir-là, nommé Berger, était élève-officier d'active à Coëtquidan lorsque j'y fus moi-même élève-officier de réserve. J'évoque le souvenir de mon « vorace » (instructeur), le capitaine Pietrantoni, officier de la Coloniale de haute figure, moitié vietnamien moitié corse, que le général Berger connaissait. Comme colonel, ce dernier a commandé le seul régiment français de génie parachutiste. J'ai la chance qu'il ait lu plusieurs de mes papiers. Il me dit que s'il n'avait pas choisi la carrière des armes, il aurait souhaité devenir journaliste.

Il m'apprend qu'il est membre de l'état-major de l'Otan, en charge du bureau de la planification. Alors, je n'hésite plus : « Voyez-vous souvent McChrystal, mon général ?

— Oui, pratiquement tous les jours, quand il n'est pas en déplacement. Pourquoi ?

— Parce que j'aimerais l'interviewer. Je n'arrive pas à établir de contact direct avec lui et je pense qu'il serait intéressant qu'il explique directement au public français sa stratégie. Après tout, c'est la première guerre que font des soldats français depuis la réintégration de la France dans les structures militaires intégrées de l'Otan !

— Je pense aussi que ce serait une excellente idée. C'est un grand soldat, doté d'une vraie vision. Je lui demanderai en tête à tête.

— Ne passez surtout pas par le service de presse, ils saboteront le rendez-vous.

— Rassurez-vous, je connais la musique ! Je vous appelle dès que j'ai des nouvelles. »

Le surlendemain à midi, le général Berger m'appelle sur mon cellulaire afghan : « Tenez-vous prêt, l'entretien devrait se faire en fin d'après-midi aujourd'hui. » Le Français a bien manœuvré. Il a la gentillesse d'accepter de passer à mon hôtel pour que nous préparions ensemble les questions. Toujours les vertus de la dialectique...

En l'attendant, je me refais tout le film. Drôle de guerre que celle que l'Otan mène actuellement en Afghanistan. Elle a commencé le 7 octobre 2001, lorsqu'une pluie de Tomahawk s'est abattue sur les installations militaires des talibans, que les satellites d'observation américains avaient repérées.

Après les attentats du 11 septembre 2001, les Américains n'ont pas essayé de prendre langue avec le régime des talibans. Forts comme ils l'étaient – moralement, diplomatiquement, militairement, économiquement –, les Américains auraient pu prendre leur temps et envoyer à Kaboul un diplomate de haut rang. Ce dernier aurait pu se présenter à la choura des ministres talibans avec une télévision et une cassette sous le bras, leur montrer les attaques du 11 Septembre, leur expliquer que New York était la principale ville des Etats-Unis, et leur demander humblement leur avis : « Si vous étiez à notre place, que feriez-vous ? » George W. Bush ne l'avait pas compris : l'humilité est le privilège des forts. Il faut savoir qu'à l'époque le mollah Omar avait pris quelques distances avec Oussama Ben Laden. Il lui avait interdit d'émettre des fatwas, en raison du manque de formation théologique du milliardaire saoudien. Il lui avait également interdit de rencontrer des journalistes étrangers. L'année précédente, le mollah Omar s'était entendu avec l'Onu pour combattre le trafic d'opium. Il avait pris un décret interdisant la culture du pavot sur l'ensemble du territoire afghan.

Il espérait en retour que la communauté internationale livrerait de l'aide alimentaire à l'Afghanistan. Une délégation de l'UNODC (Office des Nations unies contre la drogue et le crime) avait pu se rendre sur le terrain, traverser l'intégralité du pays, pour constater que la culture du pavot avait bien été éradiquée. Mais, avec la lenteur qui caractérise leurs bureaucraties, les Occidentaux n'avaient pas réagi positivement, continuant à ignorer superbement le gouvernement de l'Emirat islamique d'Afghanistan, que ne reconnaissaient que trois Etats : le Pakistan, l'Arabie Saoudite et les Emirats arabes unis. Déçu, le mollah Omar accepta alors, en mars 2001, que ses hommes détruisent à l'explosif les

Bouddhas géants de Bamyan – alors qu'en 1996, il s'était opposé à la destruction de ces chefs-d'œuvre « non islamiques ». Une immense protestation internationale s'ensuivit, qui allait finir d'isoler le régime des talibans.

Une mission diplomatique américaine à Kaboul en septembre 2001 aurait-elle échoué ? Peut-être. Mais ce n'était pas une raison pour ne pas la tenter. Après tout, parmi les 19 hommes du commando islamiste qui attaqua l'Amérique le 11 septembre 2001, ne figurait aucun Afghan.

Depuis l'invasion soviétique de l'Afghanistan en 1979, les Etats-Unis ont pris la fâcheuse habitude de sous-traiter aux Pakistanais leur politique afghane. En septembre 2001, c'est donc une délégation pakistanaise – et non américaine – qui est chargée d'aller négocier à Kaboul avec les talibans, afin d'obtenir la livraison de Ben Laden. Connus pour leur double jeu, les Pakistanais ont-ils été de bonne foi ? On n'en sait rien, mais toujours est-il que la délégation revient les mains vides à Islamabad. Le mollah Omar se dit tenu par les lois de l'hospitalité, pilier du pachtounwali, code d'honneur ancestral des Pachtounes : il refuse de livrer Ben Laden sans preuve.

Dès la mi-septembre 2001, la CIA réactive ses contacts dans le Panchir – seule province d'Afghanistan échappant au contrôle des talibans – auprès de l'Alliance du Nord, qui vient de perdre son chef Ahmed Shah Massoud, assassiné le 9 septembre par un commando d'Al-Qaida composé de deux Maghrébins, venus de Belgique et se faisant passer pour des journalistes. Les valises de dollars de la CIA permettent à l'Alliance du Nord de recruter des milliers de paysans, prêts à faire le coup de feu pour elle. Deux mois plus tard, elle passe à l'attaque, bénéficiant du soutien aérien de l'US Air Force, dont les bombes hachent menu les talibans dans leurs tranchées.

Le 13 novembre, les Tadjiks et les Ouzbeks de l'Alliance du Nord entrent dans Kaboul, que les talibans, en déroute, ont quittée la veille au soir. A Kandahar, les talibans livrent la cité à Gul Sherzaï, le seigneur de la guerre qui la contrôlait avant qu'ils la prennent en août 1994. Les chefs talibans filent se réfugier au Pakistan, dans la province du Balouchistan (capitale Quetta).

Succès total pour les Américains, qui n'ont même pas eu à intervenir au sol. A ce moment-là, l'administration Bush aurait pu s'en tenir aux strictes raisons de son intervention militaire en

Afghanistan : la destruction des bases d'entraînement d'Al-Qaida et de ses militants islamistes arabes et asiatiques internationalistes. Il lui aurait suffi de continuer à financer, pour cette tâche, les soldats de l'Alliance du Nord, quitte à leur prêter main-forte par des actions aériennes et des opérations commandos de forces spéciales, en provenance des bases pakistanaises que le général Moucharraf avait mises à la disposition de l'Amérique. Nul besoin, pour Washington, de se préoccuper du type de gouvernement mis en place par les nouveaux maîtres de Kaboul.

Mais l'administration Bush fait alors un choix beaucoup plus ambitieux. A la conférence de Bonn de décembre 2001, grand-messe diplomatique, les Américains promirent, aux Afghans et au monde, la reconstruction de l'Afghanistan, le rétablissement de son Etat, sa démocratisation, son développement économique. Ils furent suivis par la France, l'Allemagne, l'Angleterre et l'Italie, qui ne trouvèrent rien à redire à un aussi prometteur « *nation building* », l'équivalent moderne de ce qu'on appelait, sous Jules Ferry, la « mission civilisatrice » de la colonisation. C'est la conférence de Bonn qui choisit le Pachtoune Hamid

Karzaï, chef de la grande tribu des Popalzaï, comme futur leader de l'Afghanistan.

Le problème est que Karzaï n'était pas l'Atatürk dont on avait rêvé. Cet aristocrate pachtoune, parlant un anglais châtié, ne montra ni la poigne, ni les qualités visionnaires, ni l'esprit de décision de Mustapha Kemal. Problème encore plus grave, les armées occidentales n'ont ni la volonté politique, ni le courage physique, ni le goût de la vie spartiate, ni la connaissance des langues, ni la volonté de comprendre d'autres civilisations, qu'avaient les colonisateurs du XIXe siècle.

A Bonn, les Occidentaux se sont lancés dans une grande aventure néocoloniale « civilisatrice », sans se rendre compte qu'ils n'avaient plus ni l'énergie, ni les moyens financiers, ni le savoir-faire pour la mener jusqu'au bout.

McChrystal est le commandant en chef que le président Obama a nommé peu après son arrivée aux affaires, en lui demandant de définir une nouvelle stratégie. Parviendra-t-il à débunkériser ses soldats, à reconquérir le pays utile sur les talibans, à former une armée afghane enfin prête à se battre en première ligne ? Le général a un an pour réussir, avant que les opinions publiques d'Amérique, d'Angleterre, de France et du Canada (les quatre nations qui ont pris sur leurs épaules l'essentiel de la guerre) se lassent pour de bon. Normalement, les Canadiens doivent se retirer en 2011, en accomplissement d'un engagement pris, trois ans plus tôt, par le Premier ministre Harper, devant le Parlement d'Ottawa.

A 56 ans, commandant en chef des forces américaines et des troupes de l'Otan en Afghanistan depuis le mois de juin 2009, le général d'armée Stanley McChrystal n'est pas un nouveau venu, ni sur ce théâtre, ni dans le domaine de la guerre contre-insurrectionnelle. En 2002, il fut le chef d'état-major du corps expéditionnaire américain en Afghanistan ; et de 2003 à 2008, il commanda le corps des forces spéciales des Etats-Unis.

Situé en plein cœur de Kaboul, protégé des attentats-suicide par d'énormes chicanes en béton, le quartier général de l'ISAF (Force internationale d'assistance et de sécurité) est une tour de Babel de 2 300 hommes, où l'on croise des officiers d'une quarantaine de nationalités différentes. Des entassements de baraques de chantier climatisées constituent les bureaux. L'alcool est interdit sur toute la base et la cigarette limitée à une seule terrasse de café.

Pour accéder au bureau de McChrystal, il me faut montrer patte blanche à trois check-points successifs, correspondant à trois niveaux de secret différents. Visage taillé au couteau, chaleureux, souriant, le général, vêtu d'un simple treillis camouflé, commence l'entretien en me versant du café et en me demandant mon avis sur la situation. « Cela fait plus de vingt ans que vous parcourez le terrain en Afghanistan. J'aimerais d'abord connaître votre jugement sur cette insurrection et sur la façon dont nous la combattons... » Quelle simplicité, quelle absence d'arrogance !

Je me dis que c'est un politique autant qu'un soldat, qu'il est tout le contraire d'un commandant en chef accroché à des certitudes. Le fait qu'il soit devenu, depuis le mois de juin 2009, le chef militaire opérationnel le plus important de l'Occident, ne lui est pas monté à la tête. Les officiers français me diront plus tard que sa modestie intellectuelle n'était pas une feinte destinée à amadouer un journaliste. Elle est au cœur du mode d'action de Stanley McChrystal : solliciter le plus d'avis autour de lui, recueillir le maximum de témoignages de terrain, avant de définir une ligne stratégique.

Je commence à lui raconter mes expériences de terrain avec les soldats canadiens et français, puis j'abrège, conscient que j'ai avant tout besoin d'une bonne interview pour mon journal. On remettra l'échange de vues à la fin de l'entretien, si son attaché de presse nous en laisse le temps.

Réponses directes, claires, précises, le général sait à l'évidence parler aux médias :

« *Mon général, les Occidentaux ont désormais plus de 100 000 soldats en Afghanistan. Pouvons-nous gagner cette guerre ?*

— Oui, nous le pouvons.

— *Pourquoi ?*

— C'est le peuple afghan qui décidera qui gagnera cette guerre. L'Etat afghan et l'armée afghane sont les forces qui, en fin de compte, emporteront la décision. Nous, les Occidentaux, nous devons être leurs loyaux partenaires. Nous pouvons gagner car les talibans et les autres groupes d'insurgés ne constituent pas une force politique irrésistible. Ils ne sont que le résultat de la faiblesse de l'Etat afghan, et de la frustration de la jeunesse. A nous de convaincre la population de ne pas soutenir l'insurrection.

— *Vous avez demandé quelques dizaines de milliers de soldats en renfort. L'ambassadeur russe en Afghanistan, Zamir Kaboulov, a dit récemment que lorsque les Soviétiques avaient "5 000 hommes sur place, pas de problème ; 140 000 hommes, beaucoup de problèmes". Y a-t-il une loi mathématique Kaboulov en Afghanistan ?*

— Je connais personnellement Zamir, c'est l'un des hommes qui connaît le mieux l'Afghanistan, pour avoir passé dix-sept années ici. Il m'a livré un certain nombre de réflexions, qui m'ont été très utiles. Je ne pense pas que sa loi s'applique à la situation actuelle. L'Armée rouge était considérée comme une force d'occupation, cherchant à transformer brutalement la société afghane. Quand le roi Amanullah a essayé de moderniser le pays pendant les années 20, il s'est heurté à une révolution en 1929. Les Soviétiques étant vus comme un corps étranger, ils ont cimenté contre eux toutes les tribus afghanes. Je ne crois pas que la population afghane nous perçoive comme elle considérait les Soviétiques.

— *Vous parlez d'afghaniser la guerre. Ce sont les Russes qui avaient inventé le concept d'« afghanisation de la guerre ». Qu'est-ce qui vous différencie d'eux ?*

— En réalité les Soviétiques et l'armée afghane qu'ils avaient formée ont été rejetés par la population comme illégitime. Ils ont provoqué un soulèvement en masse contre eux. Nous c'est différent ; nous devons faire en sorte que les forces de sécurité afghanes deviennent responsables de cette guerre. C'est à eux de gagner ou de perdre cette guerre ; notre responsabilité c'est de leur donner les meilleures chances de gagner cette guerre.

— *Vous avez remis au Pentagone et au secrétaire général de l'Otan votre rapport stratégique, puis votre mémorandum sur les effectifs nécessaires. Quelles réponses avez-vous reçues de Washington ?*

— Je me trouve dans la meilleure situation possible : on m'a donné toute liberté pour m'exprimer. Lorsqu'il m'a été demandé d'indiquer le nombre souhaitable de soldats en Afghanistan, on m'a explicitement exonéré de toute contrainte de politique intérieure américaine. Ces deux rapports vont maintenant faire l'objet d'un débat politique, qui prendra en compte des dimensions stratégiques plus larges. Quelles que soient les décisions qui seront prises au niveau politique, nous les exécuterons.

— *Vous avez dit que cette guerre était depuis 2001 comme un empilement de huit guerres successives, sans qu'aucun enseignement n'en ait été tiré. Que préconisez-vous pour que l'Otan apprenne ?*

— Notre premier devoir, c'est l'humilité. La situation afghane est excessivement complexe : nous avons tous encore beaucoup à apprendre. Nos officiers doivent progresser dans la connaissance des langues et des mœurs de ce pays. Nous devons nous rapprocher de la population ; c'est-à-dire en nous débarrassant de tous ces blindages et autres gilets pare-éclats. Nos hommes doivent mieux connaître l'histoire et la culture afghanes, afin de pouvoir mieux interagir avec leurs camarades afghans.

— *Les armées occidentales ne se sont-elles pas trop bunkérisées dans leurs bases, se coupant de la population afghane qu'elles sont venues aider ?*

— Il y a la responsabilité normale de nos hommes politiques et de nos généraux de protéger la vie de leurs hommes. Mais il y a aussi l'obligation de remplir la mission. En sortant davantage, en allant à la rencontre de la population afghane, nous assurerons à long terme une protection plus efficace de nos hommes. En fait c'est la population elle-même, et non pas nos camps retranchés, qui nous donnera à l'avenir le plus de sécurité.

— *Comment caractérisez-vous cette insurrection ?*

— C'est une confédération d'insurrections, avec des buts politiques différents. Il y a les talibans historiques, le groupe Haqqani, le Hezb Islami de Gulbuddin Hekmatyar, et d'autres groupuscules épars. Leur seul ciment c'est leur haine du gouvernement en place. Les talibans ne sont pas aimés dans la population. Ils n'ont pas de programme politique crédible, et n'ont pas de leader charismatique ; leur seul terreau, c'est la frustration d'une partie de la jeunesse, au chômage.

— *N'y a-t-il pas une erreur stratégique à confondre la lutte contre le terrorisme islamiste international et une insurrection nationaliste ?*

— Vous avez raison : il y a ici des éléments de groupes terroristes transnationaux comme Al-Qaida, le IMU (Mouvement islamique d'Ouzbékistan ; chassé d'Ouzbékistan, il est très actif sur la frontière entre le Balouchistan pakistanais et le sud de l'Afghanistan) ou le Lashkar-e-Taiba (mouvement terroriste implanté dans les zones tribales pakistanaises et au Cachemire, responsable des attentats de Bombay de décembre 2008), et des groupes authentiquement locaux comme les talibans. Ils sont distincts, mais ils entretiennent des liens entre eux. La stabilité du Pakistan et de l'Afghanistan est cruciale pour le monde entier. Et tous ces groupes islamistes la menacent, qu'ils soient locaux ou transnationaux.

— *Pourriez-vous résumer votre nouvelle stratégie ?*

— Revenons aux leçons données par les Français Lyautey*, Trinquier** et Galula***, en

* Maréchal Lyautey (1854-1934) : théoricien du rôle social de l'officier et d'une armée aux valeurs humanistes, il se montra un admirable administrateur colonial à Madagascar, en Algérie puis au Maroc, dont il fut le premier résident général de France.

** Roger Trinquier (1908-1986) : officier supérieur de parachutistes, il prit part aux guerres d'Indochine et d'Algérie et notamment à la bataille d'Alger, sous les ordres du général Massu. Il tira les leçons de son expérience militaire dans *La Guerre moderne* (1961), livre qui deviendra vite un ouvrage de référence dans les académies militaires américaines.

*** David Galula (1919-1967) : officier et penseur militaire français atypique, il part en Asie en 1945, y apprend le mandarin et parcourt la Chine, aussi bien les zones tenues par les nationalistes que celles aux mains des communistes. Il assistera également à la guerre civile en Grèce, comme observateur de l'Onu. Responsable d'un secteur en Kabylie pendant la guerre d'Algérie, il y réussit sa mission de pacification. Chercheur à l'université de Harvard à partir de 1962, il y écrit son fameux *Contre-insurrection : théorie et pratique*. Les grands généraux américains actuels le considèrent comme le Clausewitz des guerres asymétriques.

matière de contre-insurrection ! Notre affaire, ce n'est pas de tuer le maximum de talibans, mais de protéger la population. Il faut qu'elle réalise que notre seule préoccupation est de la protéger. Autant contre l'ennemi que contre le mal que nos armes peuvent lui infliger involontairement. Sur le terrain, nos forces doivent montrer plus de respect envers la population.

« Notre principal effort militaire doit être le développement des forces de sécurité afghanes. Il faut accroître les effectifs de la police et de l'armée (Ana) et améliorer leur professionnalisme, leurs équipements et leur entraînement.

« Changement significatif, ce que nous proposons pour y arriver, c'est de faire ce que j'appelle du "*embedded partnering*" (partenariat intégré). Rassembler les unités. Votre célèbre Légion étrangère ne doit pas aller seule au combat. Une bonne opération, c'est quand deux sections de légionnaires partent au combat avec deux sections de l'Ana.

« Les légionnaires vont apporter leur professionnalisme, leur technologie, leur expérience, leur allant et les Afghans leur connaissance de la société et des guerres qui se sont déroulées dans ce pays. Il se créera alors une synergie. Ensemble, ils seront plus forts.

« Le dernier volet de ma stratégie, c'est de définir des priorités. On ne peut pas prétendre contrôler la totalité du territoire en même temps. Tous les districts ne requièrent pas le même degré de sécurité, au même moment. On doit sélectionner les régions les plus densément peuplées, leur apporter la sécurité, afin que le développement et la gouvernance aient de réelles chances. Nous ne pouvons plus nous permettre de conquérir un territoire par une opération éclair et puis nous en aller. Car les talibans arriveraient juste après pour punir les habitants ayant travaillé avec nous. Lorsque nous attaquons, nous devons rester, jusqu'à ce que les forces afghanes et la gouvernance soient assez fortes pour faire échec aux insurgés.

— *Bénéficient-ils toujours du sanctuaire pakistanais ?*

— Oui. A partir du moment où vous avez une frontière aussi longue, montagneuse et difficile que la ligne Durand*, il est impossible de la

* Sir Mortimer Durand (1850-1924) : administrateur colonial britannique. Comme Foreign Secretary d'Inde, il négocia, en 1893, avec l'émir d'Afghanistan Abdur Rahman, le tracé de la frontière entre l'Empire britannique et le Royaume d'Afghanistan.

rendre étanche. Des deux côtés, vous avez les mêmes tribus pachtounes. Les gens circulent de tous temps des deux côtés de cette ligne. Comme dans beaucoup d'exemples historiques d'insurrection, celle-là a la possibilité de se réfugier de l'autre côté d'une frontière internationale.

— *Quelles sont vos relations avec le général Kayani, patron de l'armée pakistanaise ?*

— Excellentes. On se voit très souvent en tête à tête. On se parle de la situation, mais aussi de contre-insurrection. C'est un soldat expérimenté et nous comparons nos expériences de chaque côté de la frontière.

« Kayani a élaboré une véritable stratégie. Pour réussir sa contre-insurrection dans les zones tribales, il a compris l'importance d'informer la population pakistanaise. Dans les guerres modernes, il est devenu vital que les buts de votre action et la façon dont vous la menez soient bien compris par la nation que vous servez.

— *Avons-nous fait des progrès sur le terrain, où, quand et comment ?*

— Le terrain important que nous devons sécuriser, ce sont les gens. Ce que nous avons fait au cours des derniers mois, c'est notre percée tout le long de la rivière Helmand, une zone où les talibans jouissaient d'une forte influence. Nous y sommes allés avec l'armée afghane. Et cette fois la population sait qu'on ne l'abandonnera pas. Notre doctrine s'inspire de Lyautey.

— *Vous avez 3 000 Français sous vos ordres. En tant que général en chef, quel jugement portez-vous sur l'armée française ?*

— Je suis un grand admirateur de l'armée française, dont j'ai étudié le travail contre-insurrectionnel en Indochine et en Algérie. J'ai rendu visite à deux bataillons français. Ce sont des soldats hautement professionnels et très investis dans leur mission. Les officiers français et moi partageons exactement les mêmes idées quant aux tactiques de contre-insurrection. On repère un groupe de dix insurgés loin dans la montagne. Si on arrive à en tuer deux, le problème est qu'on risque de se retrouver avec un groupe de vingt, car six cousins de chacun des tués auront décidé de prendre les armes pour les venger. La bonne stratégie consiste à isoler les insurgés de la population, et l'insurrection s'éteindra d'elle-même.

— *Quel message souhaiteriez-vous adresser au peuple français ?*

— Ce n'est pas une guerre pour conquérir du territoire, pour faire de l'argent, pour nous protéger au sens le plus immédiat – nous nous prémunissons contre Al-Qaida par mille autres moyens ; mais, en fait, c'est une guerre menée pour un peuple qui a besoin d'aide. Je suis fier d'en être. Et je crois que la France aussi. »

Tout est dit. Je n'en veux pas plus, j'éteins le magnétophone. Puis, comme s'il avait tout son temps, McChrystal prend une carte des provinces méridionales d'Afghanistan et m'explique ce que fut sa tactique pour reprendre le contrôle des riches terres agricoles suivant, sur un axe sud-nord, le cours de la rivière Helmand.

Une fois sortis du bureau, David Goldman, le photographe que j'ai emmené avec moi, me demande mon jugement sur le général. En anglais, je réponds « *impressive, very impressive* » (« impressionnant, très impressionnant »). David acquiesce. Je lui résume ma pensée : « Les Américains n'auraient pas pu trouver de meilleur chef pour une tâche aussi difficile. Reste le gouvernement Karzaï : se montrera-t-il enfin à la hauteur ? »

En ces derniers jours de septembre 2009, je suis sûr qu'Obama finira par donner à McChrystal les renforts qu'il lui a réclamés (ce sera chose faite au début du mois de décembre, après que le président aura consacré plus d'une trentaine d'heures de travail au dossier afghan). Maintenant qu'il a toutes les cartes en main, McChrystal réussira-t-il à forcer le destin, à se hisser à la hauteur de ce maréchal Lyautey qu'il admire tant ?

Ce qui me fascine dans ce conflit afghan, c'est que les jeux ne sont pas faits d'avance. Il peut virer d'un côté comme de l'autre. Il peut prendre la forme d'une catastrophe pour l'Occident, à la manière de la guerre du Vietnam ; mais il peut aussi très bien se stabiliser en scénario malaisien, en une guerre de très basse intensité, que l'armée afghane pourrait parfaitement prendre sur ses seules épaules.

Pour un reporter international, rien n'est plus excitant que les situations où le sort hésite. Le journaliste cherchera toujours à trouver le grand acteur à même de faire bouger l'Histoire. L'avenir me donnera-t-il tort ? En McChrystal, j'ai cru dénicher, pour mon bonheur le plus égoïste de voyeur, l'un de ces grands acteurs…

Le soir, en buvant avec David une bière à l'Atmosphère (le restaurant le plus agréable de

Kaboul, aménagé dans le jardin d'une grande villa et dirigé par un Afghan ayant passé vingt ans en France, sachant se débrouiller pour faire venir des côtes-du-rhône, des beaujolais et même des margaux), ni lui ni moi ne pouvons imaginer que ce soldat sera brutalement limogé neuf mois plus tard, pour d'imprudents propos de popote publiés par le magazine phare de la contre-culture américaine.

CHAPITRE 5

Face à la terreur talibane, je ressens la nécessité d'écrire à chaud

Lorsque pointe l'aube, recouvrant d'un voile mauve les hautes montagnes de l'Oruzgan, et que les mésanges entament leur tintamarre, Lal Mohammad se lève, fait ses ablutions, se tourne vers l'ouest en direction de La Mecque, et se prosterne en disant sa prière du *al-fajr*, la première des cinq de la journée. Ce 20 août 2009 promet d'être une journée magnifique, dans cette haute vallée du district de Gezano, qui ressemble à celle de Chamonix, sans les chalets, sans les routes, sans les poteaux électriques, sans les relais téléphoniques.

Pour profiter de la fraîcheur, le métayer se rend aux champs sans attendre : il a une femme et neuf enfants à nourrir. Dans le nord de cette province d'Oruzgan, l'une des plus pauvres et des plus enclavées d'Afghanistan, on cultive le blé et le maïs, mais pas le pavot si lucratif. Vers 9 heures, après avoir travaillé quatre heures, Lal décide de se rendre au village de Shiran, à une heure et demie de marche sur un sentier escarpé. Car il se souvient que c'est jour d'élection. Bien qu'analphabète, Lal Mohammad a envie de faire comme les autres villageois, il a envie de voter. En parlant avec d'autres paysans, il a compris qu'il avait le droit, malgré sa position tout en bas de l'échelle sociale afghane, de participer au choix de l'homme qui sera le chef de son Etat pour les cinq prochaines années.

En chemin, Lal tombe sur trois jeunes barbus, enturbannés de blanc, la Kalachnikov en bandoulière, qui marchent en sens inverse, en direction des hauteurs.

« Où est-ce que tu vas comme ça ?

— Je descends à Shiran », se contente de répondre, peu rassuré, le paysan père de famille.

Aussitôt les barbus le ceinturent, puis le fouillent. Lorsqu'ils trouvent sa carte d'électeur, ils deviennent fous furieux et se mettent à le battre à coups de crosse et de coups de pied. Il s'évanouit.

Quand, allongé dans la poussière, il revient enfin à lui, Lal s'aperçoit que les barbus ont disparu mais que son visage est couvert de sang.

Les talibans lui ont tranché, au poignard, les oreilles et le nez.

« Ce n'étaient pas des brigands, car ils ne m'ont rien volé », m'explique Lal, en dari, d'une voix faible, assis sur les draps maculés de son lit, au service de chirurgie plastique de l'hôpital Maiwand de Kaboul, dans la chambre sommaire qu'il partage avec trois autres patients. C'est l'après-midi du 1er septembre 2009. Le matin, Samiullah, l'un de mes fixeurs à Kaboul, m'avait parlé de cette histoire, qu'il avait entendue à la radio afghane. Je lui avais aussitôt demandé de se renseigner sur l'endroit où était soignée la victime de la cruauté des talibans. Dès qu'il a le renseignement, nous fonçons à l'hôpital.

Les médecins afghans acceptent de laisser entrer dans leur service le journaliste français et son interprète, parce que l'hôpital bénéficie de l'aide technique et financière de deux organisations humanitaires françaises.

Quand Lal, le visage couvert de bandages, est trop épuisé pour poursuivre le récit de son calvaire, c'est Djamali, oncle maternel ayant fait le voyage de Shiran à Kaboul avec lui, qui prend le relais.

En titubant, Lal parvient au village vers midi ce funeste 20 août 2009. Un boutiquier le nettoie et lui donne à boire. Djamali le rejoint et, constatant la gravité de son état, lui explique qu'il faut aller le faire soigner à Kaboul (300 kilomètres à l'est à vol d'oiseau). Il n'y a bien sûr ni médecin, ni dispensaire, ni téléphone, dans un village aussi reculé que Shiran.

Lal va emprunter 20 000 afghani (l'équivalent de 400 dollars) à l'usurier du village. Djamali trouve un âne pour porter son neveu. Ils voyageront toute la nuit sur des sentiers de montagne, avant de parvenir à Nely, bourgade de la province voisine de Daikundi. Là, il y a une route – non asphaltée bien sûr – et des taxis collectifs, minibus hors d'âge et peinturlurés. De minibus en minibus, de caravansérail en caravansérail, les deux hommes arrivent à Kaboul après trois jours de route. C'est là qu'un commerçant les informe de l'existence de l'hôpital Maiwand (sud de la capitale) et leur indique le chemin. Les chirurgiens afghans, formés par les Français, l'opèrent immédiatement.

Malgré la gentillesse des médecins et des autres patients à son égard, Lal Mohammad souffre doublement le martyre : physiquement, mais, peut-être plus encore, moralement.

« Que va devenir ma famille ? me souffle-t-il. Il est impossible que je puisse maintenant revenir chez moi ; ils me tueraient. Et puis, comment je vais faire pour rembourser l'usurier ? » Car Lal sait que ce sont 40 000 afghani qu'il faudra désormais lui donner. « Le gouvernement acceptera-t-il de m'aider, de faire venir ici ma femme et mes enfants ? »

Bien qu'illettré et sans radio, Lal était au courant des menaces qu'avaient proférées les talibans à l'égard de tout Afghan décidé à accomplir son devoir électoral. Dans les campagnes du sud de l'Afghanistan, les talibans circulent pratiquement sans entraves. Pour faire passer leurs messages, il leur suffit d'aviser n'importe quel paysan. Dans un pays où la culture orale est encore reine, le bouche à oreille est d'une efficacité à toute épreuve.

« Si j'avais su qu'il m'arriverait cela, bien sûr que je ne serais pas allé voter. Mais la tentation était trop forte : moi, pauvre agriculteur, participer au choix du nouveau chef du pays ! » me confie-t-il. Pourquoi, ce jour-là, Lal n'a-t-il pas emmené sa femme – en permanence vêtue de la burqa – voter avec lui ? « Chez nous, là-haut, la tradition veut que les femmes ne s'occupent pas de politique », répond Lal, avec la force de l'évidence...

Il explique l'« imprudence » de s'être rendu aux urnes par le fait que les talibans ne sont, pour le moment, que peu présents dans son district. « C'est à Ghizau (district voisin) qu'ils se trouvent en force. Là, il n'y a pas eu d'élection du tout. Car toute l'administration y est talibane : les juges, le chef de la police, le sous-gouverneur, tout le monde ! »

« A l'été dernier (2008), des hélicoptères pleins d'étrangers sont descendus un matin sur Ghizau, poursuit Lal Mohammad, pris soudain d'un regain d'énergie. Ils ont encerclé la maison du mollah Assadullah, homme cruel, et chef militaire de tous les talibans de la région. Ils l'ont arrêté et emmené directement sur Kaboul... » Lal est incapable de me dire si ces soldats étrangers étaient américains ou hollandais (l'Otan a confié à l'armée néerlandaise le contrôle de la province d'Oruzgan).

La tension a-t-elle alors baissé dans le district de Ghizau ? « Pas du tout ! Car quinze jours après, on a revu le mollah Assadullah plastronner devant sa maison, en pleine forme, et les poches pleines d'argent ! » me répond Lal, l'air fataliste.

A Kaboul, depuis des années, courent de nombreuses rumeurs sur les complicités dont bénéficieraient les talibans à l'intérieur même de l'administration afghane.

Le 9 août 2008, s'exprimant devant le Parlement, le numéro 2 du NDS (National Department for Security, le service de renseignements afghan) avait même été jusqu'à fustiger publiquement les liens entretenus par certains députés avec les talibans et les gros trafiquants d'opium. Ce haut fonctionnaire, connu sous le nom de Dr Abdullah, a été assassiné le 2 septembre 2009, dans un attentat à la voiture piégée, dans sa ville natale de Mehtarlam, chef-lieu de la province du Laghman (située à l'est de la province de Kapisa, sous « contrôle » du contingent français de l'Otan).

Dans cette petite chambre d'hôpital aux murs vert tilleul, il règne maintenant un silence à couper au couteau. Les trois autres patients se sont rapprochés pour écouter le récit de la victime et de son oncle. L'un d'eux, traité pour l'ablation bénigne d'un gros grain de beauté potentiellement cancérigène, hoche la tête, les yeux humides, pleins de commisération. Ce patient de 55 ans, au visage si bon, s'appelle Sayed Imam. Ingénieur, fonctionnaire au ministère des Transports, il est le chef mécanicien du dépôt central des autobus de Kaboul (ville de 4 millions d'habitants). Quand je lui demande ce qu'il pense de toute cette histoire, il répond posément, pesant chacun de ses mots : « C'est le vrai visage des talibans qui vous a été donné là. Ces hommes sont des ennemis de la démocratie, des ennemis de l'Islam, des ennemis du développement, des ennemis de l'Afghanistan. Ils sont envoyés et payés par les Pakistanais pour détruire notre pays, pour empêcher qu'il retrouve son lustre passé ! »

Par moments, Sayed Imam abandonne le dari, pour s'exprimer dans un anglais rocailleux. Fièrement, il explique qu'il a effectué deux stages de mécanique en Amérique, « le premier, à Chicago, du temps de Najibullah ; le second, dans le Wisconsin, il y a quatre ans ».

Ancien patron du Khad, le KGB afghan, Mohammed Najibullah, communiste convaincu, fut placé par les Soviétiques à la tête du pays en 1986, afin d'engager des réformes. Dès 1988, dans un effort de réconciliation nationale, il entama des négociations secrètes avec les mouvements de moudjahidine les moins islamistes.

Le Pakistan les fit échouer, grâce à ses protégés du Hezb Islami de Gulbuddin Hekmatyar (qui combat aujourd'hui aux côtés d'Al-Qaida). En 1992, trois ans après le départ des troupes soviétiques, Najibullah tenait toujours, grâce à une armée afghane alors bien entraînée et disciplinée.

C'est la trahison du général ouzbek Dostom qui lui porta le coup de grâce, ouvrant les portes de Kaboul aux moudjahidine (qui détruiront ensuite la ville en réglant leurs dissensions à la roquette d'orgues de Staline). Najibullah fut placé en résidence surveillée dans un *compound* de l'Onu. Quatre ans plus tard, au premier jour de leur entrée à Kaboul, les talibans le sortiront de là, pour le pendre à une grue.

« Sous Najibullah, l'Etat fonctionnait, parce que ses employés n'étaient pas corrompus comme aujourd'hui, se souvient Sayed avec émotion. Certes il n'était pas religieux. Mais, à part ça, c'était un homme fort, honnête et patriote. C'est un bon dictateur comme lui qu'il nous faudrait désormais. Car ces talibans, qui ont mutilé notre ami Lal, ce n'est pas avec des beaux discours à la télé sur la démocratie, que nous arriverons à nous en débarrasser ! »

Deux infirmiers pénètrent dans la chambre d'hôpital, pour effectuer les soins vespéraux et contrôler les pansements de Lal Mohammad. Nous comprenons que nous devons prendre congé de nos hôtes afghans. Je dis à Lal de ne pas s'inquiéter pour sa famille, car les ONG françaises vont bien s'occuper de son cas. Lorsque nous nous retrouvons dehors, dans le brouhaha des rues de Kaboul, nous sommes encore tout émus. Car c'est une chose que de connaître intellectuellement les menaces proférées par les talibans contre la population souhaitant participer à cette « démocratie impie » ; et c'est autre chose que d'être confronté personnellement à une de leurs victimes. Dans le journalisme, rien ne peut remplacer la force d'un témoignage direct et récent.

*

* *

De retour à l'hôtel, je me précipite sur mon ordinateur pour écrire l'histoire de Lal Mohammad. Je suis encore sous le coup de l'émotion : je souhaite qu'elle irrigue mon papier. En vingt-cinq ans de reportage de guerre, j'ai appris qu'il valait toujours mieux écrire à chaud qu'à froid. Dans ce métier, on a souvent tendance à reporter à plus tard le dur travail de l'écriture, confiant dans les notes qu'on a prises sur son petit carnet à spirales. Parce qu'on a envie de repos, de penser à autre chose, l'on remet au lendemain ce qu'on pourrait faire le jour même. C'est une erreur. Autant le recul que procure le temps est bon pour l'écriture d'un article d'analyse, autant il peut être préjudiciable à la rédaction d'un reportage.

Car il y a toujours certains détails, certaines anecdotes significatives, certaines émotions, qu'on oublie d'un jour sur l'autre.

On croit toujours qu'il faut beaucoup de temps pour écrire un bon papier, comme s'il s'agissait de cuisiner un plat en sauce très compliqué. C'est faux. Certains de mes meilleurs reportages furent écrits dans l'urgence.

Comme celui que j'écrivis le lundi 10 avril 1994 de Kigali, décrivant le début du génocide des Tutsis au Rwanda. Le vendredi précédent, dans la matinée, le chef du desk Etranger du *Figaro* m'avait tendu une dépêche de l'AFP (Agence France-Presse) qu'il avait découpée, en me disant : « Tiens, jette un coup d'œil, c'est une histoire bizarre qui nous vient d'Afrique.

Ça vaut peut-être le coup que tu t'y intéresses... » A l'époque, les dépêches de l'AFP n'arrivaient pas directement sur l'écran de nos ordinateurs de bureau, mais sur des téléscripteurs qui les imprimaient sur des rouleaux de papier. La dépêche indiquait que deux présidents africains, celui du Rwanda et celui du Burundi, avaient trouvé la mort la veille au soir dans un accident d'avion. En approchant de la piste de l'aéroport de Kigali, le Falcon personnel du président rwandais Juvénal Habyarimana, qui ramenait d'une conférence en Tanzanie les deux chefs d'Etat amis, avait mystérieusement explosé en vol. Ne connaissant ni ces deux petits pays, ni leurs présidents, je n'avais tout d'abord pas accordé d'importance à la dépêche, me disant qu'elle ferait l'objet d'une brève tout au plus. Puis les choses s'étaient précipitées, à mesure que tombaient de nouvelles dépêches. La suivante envisageait la possibilité d'un attentat, perpétré par le tir d'un missile sol-air. La dépêche d'après signalait de graves troubles dans la capitale rwandaise, où des milices hutues extrémistes s'en prenaient aux Tutsis et aux Hutus modérés, pour venger la mort du président Habyarimana, un Hutu, comme 90 % de la population de cette ancienne colonie belge. Puis une quatrième dépêche tomba, annonçant qu'Agathe Uwilingiyimana, une Hutue modérée exerçant la fonction de Premier ministre, avait été massacrée, ainsi que les onze Casques bleus belges chez qui elle s'était réfugiée. Cela devenait une très grosse histoire : à l'évidence, il me fallait me préparer à partir au plus vite.

J'ouvris le tiroir de mon bureau où je rangeais mes cartes. Je sortis ma carte Michelin de l'Afrique noire pour voir où se situait le Rwanda dans la région des Grands Lacs. Au nord, il est bordé par l'Ouganda, au sud par le Burundi. Comme toutes les liaisons aériennes avec Kigali avaient été interrompues, il fallait, pour s'y rendre, passer par l'un de ces deux pays. Ce vendredi, je déjeunai avec mon cousin germain Eric, qui connaissait déjà la région, pour avoir effectué un reportage photographique dans une enclave du nord du Rwanda, tenue par le FPR (Front patriotique rwandais), le mouvement de rébellion tutsi commandé par le général Paul Kagamé, qui avait fait d'abord une carrière brillante dans l'armée ougandaise, au point d'en devenir le chef des services secrets. Eric, qui était enthousiaste à l'idée de m'accompagner, m'expliqua que passer par le nord n'était pas une bonne idée, car nous y serions bloqués par le FPR, mouvement à la discipline de fer ne tolérant les journalistes que très encadrés. Le samedi, nous quittons Paris, avec un sac à dos chacun, pour Bruxelles, où un vol de nuit de la Sabena doit s'envoler pour Bujumbura, la capitale du Burundi. Dans l'avion, nous rencontrons trois collègues journalistes amis (Luc Delahaye, Michel Peyrard, Nicolas Poincaré), vétérans comme nous de la guerre de Bosnie, avec qui nous décidons de faire équipe. Nous passons le dimanche matin à l'aéroport de Bujumbura, en attendant les premiers Transall de l'armée de l'air française chargés d'évacuer les Européens de Kigali. Sur le tarmac, j'ai une discussion avec un colonel des forces spéciales américaines, qui se trouve là, en attente, avec cinq cents hommes parfaitement équipés. Mais le gouvernement américain ne lui donnera jamais l'ordre d'aller intervenir au Rwanda pour arrêter le génocide qui commence – ce qui entraînera plus tard des excuses publiques du président Clinton. Notre espoir était de nous rendre au Rwanda par le premier Transall qui retournerait à vide vers Kigali, car les pilotes de l'armée de l'air n'y voyaient aucun inconvénient. Malheureusement l'attaché militaire français en poste à Bujumbura nous en empêche, arguant d'un ordre « venu de la cellule de crise à Paris » interdisant le convoyage de tout journaliste vers Kigali.

Malgré les risques évidents, nous décidons alors d'y aller par nos propres moyens. Sur le parking de l'aéroport, nous affrétons deux taxis, qui acceptent de nous mener jusqu'à Butare, ville du sud du Rwanda, pas encore touchée par les troubles.

Voyant partir ce groupe soudé de cinq têtes brûlées françaises, un reporter américain de la radio NPR (National Public Radio) demande à se joindre à nous. Peu avant la frontière du Rwanda, sur la route qui serpente entre les vertes collines du Burundi, nous croisons un immense et étrange convoi de véhicules disparates, limousines et 4×4 mélangés : ce sont tous les Blancs en poste à Kigali, qui fuient le pays. Il y a là tous les diplomates mais aussi les humanitaires, avec le fanion de leurs ONG déployé à l'avant de leurs 4×4. Je suis médusé. Dans l'Afghanistan des années 80, les humanitaires (de Médecins Sans Frontières, de Médecins du Monde, de La Guilde du Raid, etc.) avaient précédé les journalistes ; ils constituaient l'avant-garde du témoignage courageux. Ici, ils s'en vont, alors que des journalistes, qui ignorent tout du terrain, montent vers Kigali. Cela me peine de voir que les humanitaires sont devenus des fonctionnaires de l'aide internationale, qu'ils n'ont plus le feu sacré de leurs aînés. Un seul homme a eu le courage de rester à son poste dans la capitale rwandaise : Michel Gaillard, le chef d'antenne du CICR (Comité international de la Croix-Rouge de Genève). Quelques jours plus tard, ses témoignages seront pour moi très précieux.

Nous passons la nuit à Butare, qu'un préfet rwandais responsable avait placée sous couvre-feu. Nous logeons dans un petit hôtel, tenu par un Belge, décidé à rester à son poste tant que la situation le permettra. Mais cet homme calme et courageux, vieil amoureux de l'Afrique, n'est pas très optimiste. Le lendemain matin, je pars à la recherche d'une voiture, car aucun taxi n'accepte de nous mener plus loin que Butare. Je me rends au bureau de MSF Belgique, où je tombe sur une jeune femme en train de plier bagage. « Pas question que je vous prête une de nos jeeps, elles sont nos moyens de survie ! » me dit-elle d'un ton qui ne souffre pas de réplique. Sur une étagère de ce bureau parfaitement rangé, j'avise un gros dossier portant la mention « véhicules ».

« Verriez-vous un inconvénient à ce que je le consulte ?

— Pas le moins du monde, allez-y, je vous en prie... » me répond-elle, tout en rangeant ses derniers papiers.

Le dossier contient toutes les lettres reçues de citoyens de Butare proposant à l'ONG belge la location de leurs voitures, écrites dans un excellent français protocolaire. Bonne surprise, le numéro de téléphone indiqué sur la troisième lettre que je consulte répond.

Je demande au propriétaire s'il peut venir immédiatement avec sa voiture au bureau de MSF Belgique. Dix minutes plus tard, il est là. C'est une berline Toyota, un peu antique, mais qui a l'air de marcher et dont le réservoir est plein aux trois quarts. La louer est impossible car ni le loueur ni moi-même n'avons la moindre idée des surprises que peut réserver l'avenir immédiat. Pour 1 000 dollars en billets de cinquante, j'achète la voiture... « Enfin, te voilà, on y va ! » me dit Luc Delahaye, qui trépigne d'impatience. Je n'ai jamais vu le danger faire reculer, ou même un tant soit peu retarder, ce Mozart de la photo de guerre qu'était Luc. A l'époque du siège de Sarajevo, il était capable de louer une voiture à Nice et, en dépit de la neige, de faire la route d'une traite jusqu'à la capitale bosniaque assiégée.

Serpentant à travers des bananeraies désertes, la route montant vers le nord ne nous pose au début pas le moindre problème. Mais bientôt, apparaissent les premiers barrages de miliciens. Plus l'on se rapproche de Kigali, plus ils sont violents. Les hommes sont armés de machettes, d'arcs et de flèches. L'un d'eux, me soupçonnant d'être belge, devient menaçant. J'arbore mon passeport français et me mets à chanter la Marseillaise…

Une fois dans cette ville qu'aucun de nous ne connaissait – c'est une juxtaposition de zones habitées et de collines sans réel urbanisme –, nous demandons la direction de l'hôtel des Mille Collines, le seul établissement de standard « international » de la capitale, car nous avions lu une dépêche indiquant que s'y étaient réfugiés de nombreux Tutsis. Dans un couloir, m'aborde une secrétaire rwandaise, tutsie, employée à l'ambassade de France, visiblement inquiète sur son sort. Evacué par les parachutistes français, l'ambassadeur est parti, emmenant avec lui les autres fonctionnaires français, mais sans se soucier d'elle… La peur qui se lit sur son visage est de mauvais augure. Il faut absolument que j'aille voir ce qui se passe en ville.

Je ressors sur le parking de l'hôtel, plein de monde. J'aborde un soldat rwandais en uniforme et lui demande de me faire faire le tour de la capitale. « Mais, je ne peux pas, là, je suis un militaire d'active, j'ai mes ordres, j'ai mon travail à faire ! » Passe devant moi un grand Noir, vêtu d'une blouse blanche portant le sigle de MSF. C'est un infirmier. Ses chefs européens sont partis la veille au matin. Il est un peu désemparé. Il accepte de monter dans ma voiture et de me guider à travers la ville.

Je lui confie le volant et me mets à prendre des notes fébrilement. « Les principaux massacres ont eu lieu dans les quartiers populaires », me confie-t-il. Nous croisons un camion-benne rempli de cadavres. Ça me rappelle les photos prises à la libération de Buchenwald au printemps 1945. Dans un quartier, la vie ne s'est même pas arrêtée, les « maquis » (restaurants populaires) continuent à recevoir leurs habitués, en diffusant de la musique zaïroise. Mais les caniveaux sont encore pleins de cadavres. Isidore, mon nouveau guide improvisé, m'explique : excités par les messages de haine diffusés par la radio des Mille Collines, les miliciens hutus des « *Interahamwe* » (« ceux qui combattent ensemble » en kinyarwanda) se sont déchaînés à la machette contre tous les Tutsis qu'ils pouvaient trouver. Des morts, des morts, femmes, gamins, vieillards mélangés, je n'avais jamais vu ça. Bientôt la colère l'emporte sur la peur et l'écœurement. Je regarde ma montre et me dis qu'il est temps que j'écrive, que je rapporte tout ce que j'ai vu. Il faut absolument que mon témoignage puisse paraître dès le lendemain matin dans mon journal.

Isidore m'amène à la maison de MSF, située dans un quartier résidentiel, à 400 mètres de l'école française Saint-Exupéry, que les parachutistes français avaient utilisée comme point de regroupement des Européens à exfiltrer. Je me fais un thé et me mets à écrire, à écrire comme un fou sur mon cahier à spirales. Les mots viennent comme ils peuvent, je ne me relis pas, je sais que je n'en ai pas le temps. De temps à autre, je vérifie sur mon carnet de notes que je n'ai pas oublié un détail, que je ne me suis pas trompé sur le nom exact d'un quartier où j'ai, de mes yeux, constaté l'étendue des massacres. A peine l'article fini, je me précipite sur le téléphone – qui marchait encore parfaitement – et dicte mon papier à la sténo du *Figaro*. Comme elle est, par la nature des choses, ma première lectrice, je lui demande, anxieux : « C'était clair ? — Et comment ! me répond-elle, ça a l'air terrible, faites très attention à vous, M. Girard ! » Profitant du fait que le téléphone marche, j'appelle Europe 1 et livre à la station mon témoignage oral sur les tueries dont sont victimes les familles tutsies de Kigali. Je ne cherche pas mes mots car je suis « chauffé à blanc » par l'exercice d'écriture que je viens de finir. Je n'utilise pas le mot « génocide », car, ce soir-là, je n'imagine pas une seconde que la « communauté internationale » ne fera rien pour arrêter les massacres. Car elle en a les moyens évidents.

Présente dans le pays depuis la fin de l'année 1993, la Minuar (Mission intérimaire des Nations unies au Rwanda) compte plus d'un millier de Casques bleus, pour la plupart cantonnés à Kigali. Il y a aussi, au cœur de la capitale et à l'aéroport, les 200 parachutistes que la France vient de dépêcher dans le cadre de son opération « Amaryllis » d'exfiltration des Européens. Il y a, enfin, ces forces spéciales américaines, que j'ai vues, en armes, camper à l'aéroport de Bujumbura, visiblement en attente d'ordres de la Maison Blanche.

Il fait maintenant tout à fait nuit. Tendu, éprouvé par tout ce que j'ai vu dans les quartiers, surexcité par l'afflux d'adrénaline, je fouille la poche extérieure de mon sac à dos, pour en sortir fébrilement la mini-bouteille en plastique que j'ai achetée au duty free de l'aéroport de Roissy. Je verse deux solides verres de whisky, l'un pour Isidore qui ne cesse d'écouter – pour les décrypter – les nouvelles que donne la radio nationale, et l'autre pour moi, qui commence seulement à me demander ce que sont devenus mes camarades journalistes.

« *Tomorrow is another day* », on verra bien demain, me dis-je en buvant ma première gorgée de whisky. Je savoure ce moment de relâchement. Mon corps est envahi par la chaleur de l'alcool. J'essaie d'oublier les visions d'enfer de la journée. Elles me rappellent trop les premières images de brutalité nazie que j'avais vues, enfant, à la télé, à l'occasion du vingtième anniversaire de la libération des camps de concentration, et qui m'ont fait faire des cauchemars pendant toute mon adolescence. Psychologiquement ébranlé, je m'efforce de ne pas voir le monde en noir. Je me raccroche à la satisfaction d'avoir passé mon papier à temps, d'avoir réussi à transmettre mon témoignage. Je me persuade qu'il sera utile, qu'il provoquera une prise de conscience salutaire des décideurs français et américains.

Je me ressers une rasade de whisky. J'oublie le danger, je ne pense pas au lendemain. Je me dis que j'ai bien mérité ma nuit. Aussi choquant que cela puisse paraître, le journalisme de guerre est un métier de jouissances fugaces, mais de grandes jouissances.

Dans la journée, on passe son temps à être harcelé par des problèmes de logistique à régler, par des hommes en armes qui vous menacent, par des humiliations et des attentes sans fin, mais lorsque l'on a réussi à surmonter tous les obstacles mis sur sa route et que l'on est parvenu à bien faire son boulot de témoin, on est, le soir, curieusement envahi d'un rare sentiment de plénitude.

Le lendemain matin, en appelant ma rédaction à Paris, j'ai la bonne surprise de les entendre me dire : « Bravo ! Tu nous as vraiment fait un excellent papier ! » C'est donc au Rwanda, en avril 1994, que j'ai vraiment appris qu'un reportage écrit à chaud, à la diable, pouvait être aussi bon, sinon meilleur, qu'un article longuement réfléchi, où l'on a pris le soin de ciseler toutes les phrases.

Quinze ans plus tard, le martyre de Lal Mohammad me rappelle, par son degré de bestialité idéologique, la violence exercée contre les civils tutsis de Kigali. Voilà pourquoi, confortablement assis dans ma chambre d'hôtel de Kaboul, la fenêtre ouverte pour profiter d'une douce brise de septembre sentant le jasmin, je décide, ce soir-là, d'écrire le papier à chaud – comme je l'avais fait, par nécessité, pour ma première dépêche de Kigali. Pourtant, je sais que ce reportage afghan, qu'on appelle dans notre jargon une « feature » (article non lié à une actualité immédiate), ne sera publié que le surlendemain, et que j'ai en réalité tout mon temps pour le rédiger.

Une nouvelle fois, cette écriture à chaud me réussira. Après la publication du reportage, je recevrai de très nombreux mails de lecteurs et lectrices françaises me demandant comment faire pour envoyer de l'argent à ce pauvre paysan, père de famille nombreuse, victime de la cruauté des talibans…

CHAPITRE 6

L'immense décalage entre temps médiatique occidental et temps politique afghan

Depuis que je le pratique, l'Afghanistan n'a été un enjeu médiatique que par intermittence.

Durant les grandes vacances de l'année 1973 – je venais d'avoir 18 ans et bûchais mollement le latin pour préparer mon entrée en hypokhâgne au lycée Louis-le-Grand –, je lisais les journaux tous les soirs. Ce bel été connut deux coups d'Etat importants : celui du 17 juillet à Kaboul, où le prince Daoud renversa son cousin le roi Zaher Shah pour proclamer la première république afghane ; celui du 11 septembre à Santiago du Chili où l'armée, conduite par le général Pinochet, prit le pouvoir par la force. Je me souviens m'être passionné pour la situation chilienne et avoir été, comme tous mes amis, indigné par la répression menée contre les partisans du gouvernement socialiste du président Allende. En revanche, je n'ai pas le souvenir d'avoir lu quoi que ce soit sur le coup d'Etat en Afghanistan, passé complètement inaperçu en France. Pourtant, ce dernier, qui vit Daoud nommer sept ministres communistes dans son gouvernement, aura, historiquement, des conséquences beaucoup plus lourdes que l'affaire chilienne. Ayant renoncé à la stratégie du strict équilibre entre les Etats-Unis et l'URSS qu'avait soigneusement maintenue Zaher Shah, le nouveau régime républicain à Kaboul fut très vite l'otage des communistes, qui finirent pas prendre le pouvoir, avant de faire appel à l'Armée rouge, pour réprimer l'insurrection religieuse qui avait gagné les zones rurales. L'Afghanistan ne s'est toujours pas remis de ces neuf années de guerre, où le fanatisme religieux d'une partie de la jeunesse afghane fut instrumentalisé par les Américains (et leurs alliés saoudien et pakistanais) pour infliger une défaite à l'occupant soviétique. La stabilité semble interdite à l'Afghanistan pour encore très longtemps, alors qu'il y a belle lurette que le Chili est redevenu un pays démocratique, prospère, en paix avec ses voisins.

Pourquoi les médias ont-ils totalement raté l'importance du coup d'Etat de Daoud ? Sans doute parce que le renversement d'une monarchie était alors considéré comme allant « dans le sens de l'Histoire », alors que le coup d'Etat au Chili comportait tous les ingrédients dramatiques d'un grand film à la Costa-Gavras, la mort d'un brave président dans son palais bombardé, les rafles d'opposants enfermés dans des stades, le machiavélique Kissinger actionnant en sous-main le félon Pinochet, dont l'uniforme ressemblait de surcroît à ceux de feu la Wehrmacht...

Les opinions publiques occidentales et leurs médias n'ont commencé à s'intéresser à l'Afghanistan qu'à partir de la montée en puissance de la résistance au communisme dans les années 80. Lancée au début de son mandat par le président Ronald Reagan, la rhétorique des « *freedom fighters* », des combattants de la liberté, a tout de suite pris. Les opinions européennes, qui s'étaient entichées du Viêt-công dans les années 60, n'eurent aucun mal à faire volte-face une génération plus tard, pour sympathiser avec les agressés et les faibles qu'étaient devenues les victimes de la Russie brejnévienne, en Afrique (les Ethiopiens et les Angolais), en Indochine (les boat-people), en Asie centrale (les moudjahidine afghans).

En raison du danger et de la difficulté du terrain, relativement peu nombreux furent les humanitaires et les journalistes à tenter l'aventure d'un séjour dans les montagnes afghanes à la barbe des autorités communistes et de l'Armée rouge. Mais tous revinrent enthousiastes et communiquèrent leur enthousiasme. Avec la belle figure charismatique du Commandant Massoud, les Européens trouvèrent leur nouveau Che Guevara. L'Afghanistan devint à la mode dans le Saint-Germain-des-Prés du milieu des années 80. On y admirait l'héroïsme des moudjahidine, sans trop chercher à distinguer parmi les différents mouvements de résistance, les royalistes étant bien sûr fort éloignés des islamistes. Pourtant certains, comme le Hezb Islami de Gulbuddin Hekmatyar professaient déjà une idéologie violemment antioccidentale. Lors de mon premier séjour à Peshawar, j'avais eu la chance de rencontrer le professeur Majrooh, homme affable, cultivé, enthousiaste, qui dirigeait un centre d'information impartial sur l'Afghanistan. Quelques mois plus tard, il fut assassiné par des hommes de main d'Hekmatyar, que la vérité importunait déjà.

Je me souviens être allé rendre visite à un « attaché culturel » américain en poste à Peshawar – sans doute une couverture pour un agent de la CIA – et m'être plaint de l'inanité du soutien militaire que le Hezb recevait de l'Amérique, via les services secrets pakistanais.

« Pourquoi soutenez-vous des gens qui, au fond d'eux-mêmes, détestent l'Occident ? » lui avais-je demandé. J'eus la surprise de l'entendre me répondre : « Gardez cela pour vous, mais je suis d'accord avec vous. J'ai essayé d'expliquer la situation à Washington mais je me suis trouvé devant un mur. Maintenant, j'en ai marre, et j'ai demandé mon rappel... »

*

* *

Après que, sous l'impulsion de Gorbatchev, l'armée russe se fut retirée en bon ordre du pays en février 1989, l'Afghanistan cessa d'intéresser les médias. Il y eut quelques papiers lorsque Kaboul finit, en 1992, par tomber aux mains des moudjahidine, mais la terrible guerre civile qui commença dès ce jour-là ne fut pratiquement pas couverte par les médias occidentaux. Comment expliquer aux opinions publiques que ces combattants de la liberté, qu'on avait encensés la veille, se comportaient comme des salauds avec la population civile ? L'attention médiatique se porta sur la guerre en Bosnie-Herzégovine, bien plus « séduisante » pour les reporters occidentaux, en raison de sa proximité culturelle et géographique. De surcroît, le siège de Sarajevo, jolie petite ville à l'architecture mi-autrichienne, mi-stambouliote, offrait sur un plateau d'argent un magnifique scénario hollywoodien aux journalistes : des « méchants » (les Serbes) encerclant et bombardant des gentils (les musulmans bosniaques), dans l'indifférence hypocrite des grandes puissances occidentales.

Il fallut la chute de Kaboul aux mains des talibans et la pendaison spectaculaire de l'ancien président Najibullah – extrait de force du *compound* de l'Onu où il était réfugié depuis 1992 – pour que la presse internationale s'intéresse à nouveau à l'Afghanistan, en septembre 1996. La tentative de Massoud pour reprendre la capitale attira un moment l'attention, puis le pays retomba dans l'oubli. Les gros titres des journaux ne revinrent qu'en 2001, avec la destruction des Bouddhas de Bamyan, au mois de mars, et les attentats terroristes aux Etats-Unis, le 11 Septembre.

Au mois d'octobre 2001, je me rends au Pakistan, dans l'espoir de pouvoir y obtenir, auprès de l'ambassade des talibans à Islamabad, un visa pour l'Afghanistan.

Mais j'ai beau rencontrer à plusieurs reprises le mollah Zaeff, l'ambassadeur de l'Emirat islamique d'Afghanistan, je n'obtiendrai jamais le précieux laissez-passer. Le régime de Kaboul ne veut pas chez lui de journalistes occidentaux, qu'il assimile à des espions.

Je passe mon temps entre Islamabad, Peshawar, et les villages de la province frontière du Nord-Ouest, où je rends visite aux familles qui ont envoyé clandestinement leurs fils en Afghanistan, pour y combattre les forces spéciales américaines et leurs amis de l'Alliance du Nord (que dirigeait Massoud jusqu'à son assassinat le 9 septembre 2001).

Lorsque, le 13 novembre, le régime des talibans s'effondre avec la prise de Kaboul par les soldats tadjiks et ouzbeks de l'Alliance du Nord, je me précipite vers la passe de Khyber, qui marque la frontière de l'Afghanistan. Je ne voyage bien sûr pas seul. J'ai loué un 4×4, avec un chauffeur pachtoune, qui ne parle pas un mot d'anglais. J'ai aussi recruté un guide-interprète. C'est un Pakistanais de Londres, homme à barbe blanche, que j'ai rencontré par hasard devant l'ambassade talibane d'Islamabad, et avec qui j'ai sympathisé. Il connaît déjà l'Afghanistan, pour y avoir effectué une mission peu de mois auparavant, avec des journalistes de la BBC.

Nous arrivons à Djallalabad dans la nuit, où nous apprenons que le nouveau gouverneur de la province, Hadji Kadir, s'apprête à donner une conférence de presse. Nous nous y ruons. A la fin, en sortant de la grande salle du palais, il s'arrête devant moi et me dit : « *It seems that we have already met somewhere, I recognize your face !* » Je lui réponds que j'étais un ami de son frère Abdul Haq (qui venait d'être exécuté par les talibans, après avoir tenté de fomenter une révolte contre eux) et qu'il avait dû me rencontrer dans la villa de ce dernier, à Peshawar, du temps de la guerre contre les Soviétiques. Il me dit alors : « *It's what I thought... So, as from now, you are my guest ! Follow me with your car...* » Une demi-heure après, nous voilà installés, mon fixeur et moi, dans la villa personnelle de l'homme le plus puissant de tout l'est de l'Afghanistan... Quelle chance ! Un peu comme si, le 26 août 1944, un journaliste américain s'était vu proposer par de Gaulle de s'installer avec lui, à l'hôtel de Brienne !

Je garde un souvenir radieux de ce séjour dans cette vieille villa au jardin plein de roses, où je croisais les hommes les plus divers, chefs de tribu afghans mais aussi agents de la CIA, revêtus d'un chalwar-kamis pour tenter de passer inaperçus, mais parlant sans cesse en anglais sur leurs gros téléphones portables satellites.

Le lendemain de mon arrivée, je m'informe sur la manière dont s'est faite la transition du pouvoir. Je comprends que lorsque le mollah Kébir, gouverneur de Djallalabad et numéro 2 dans la hiérarchie des talibans, a décidé, le mardi 13 novembre 2001, de fuir avec ses troupes les plus fidèles vers Kandahar, il a confié le pouvoir provincial à une personnalité neutre, vieil ouléma à la barbe blanche, Younes Khales. Dans les années 80, ce Pachtoune avait présidé un des sept partis de la résistance afghane à l'Armée rouge installés à Peshawar. Abdul Haq était alors le plus valeureux de ses commandants.

C'est Younes Khales qui demanda à Din Mohammad de réunir immédiatement la mini-choura de Peshawar, chargée de désigner au plus vite les nouvelles autorités, afin d'éviter un vide du pouvoir et l'anarchie dans la province, qui dura quand même 24 heures, avec son inévitable lot de pillages. Bref, de manière indirecte, une transition pacifique a bien eu lieu, à Djallalabad, entre le régime taliban et le nouveau pouvoir aux couleurs de l'Alliance du Nord.

Les Afghans que je rencontre dans le jardin privé du gouverneur me racontent qu'Oussama Ben Laden serait venu en personne dans la ville ce fameux mardi 13 novembre et qu'il aurait négocié avec le fils de Younes Khales le départ sans encombre des combattants arabes d'Al-Qaida. De fait, les habitants de Djallalabad ont vu les Arabes partir en convoi vers les montagnes du Sud, ce jour-là, vers 21 h 30. Mes témoins m'affirment que ces derniers seraient partis vers un camp appelé Tora-Bora, qui a l'avantage de se trouver non loin de la bourgade pakistanaise frontière de Teremangal et de ses accueillantes « zones tribales », où la police d'Islamabad n'a pas le droit de pénétrer…

Une amnistie générale ayant été prononcée dès la prise de fonction des nouvelles autorités, les « cadres » (policiers, magistrats, etc.) qui avaient servi les talibans sont restés en place. Il leur a suffi de faire allégeance devant la choura (ou Jirgha en pachtou) provinciale du nouveau régime. Ça leur a été très facile, car ils n'en étaient pas à leur premier retournement de veste.

Ces hommes ont successivement été royalistes, républicains nationalistes, communistes, moudjahidine, talibans, et maintenant à nouveau moudjahidine. Dans ces circonstances, m'explique-t-on, le tout est de ne pas se tromper de costume et de savoir passer rapidement de la cravate au pakol (le bonnet de laine ourlé popularisé par Massoud) ou du pakol au turban. Ou réciproquement…

*
* *

Le surlendemain de mon arrivée à Djallalabad, je décide de m'intéresser à la manière dont on fait de la politique en Afghanistan et je me rends au centre-ville. Devant la grille de l'entrée d'honneur fermant le parc tropical du siège du gouvernement provincial de Djallalabad, je remarque que de curieuses sentinelles montent la garde. Pour montrer que l'époque talibane est révolue, elles ont ressorti les fusils à baïonnette, les casquettes prussiennes et les tenues chamarrées du temps du roi Zaher Shah, ce souverain contraint à l'exil en 1973 par le coup d'Etat républicain de son cousin Daoud, rallié aux communistes. Mais, sans doute faute d'argent, cette garde d'honneur n'est chaussée que de vieilles sandales de paysans. L'Afghanistan est, alors, à l'image de ces hommes en uniforme et aux pieds nus : à première vue, on pourrait croire qu'il y a un minimum d'Etat, au sens où on l'entend en Occident. Mais en fouillant, on ne trouve que du vide, qu'une angoissante nudité.

Extérieurement, le palais du gouverneur construit pendant les années 60 dans un style néomoghol, n'est pas trop défiguré. Intérieurement, c'est une autre affaire. Hormis le hall d'honneur anciennement réservé aux audiences royales qui a conservé ses canapés et ses sofas, les autres pièces sont vides de tout meuble.

C'est dans ce fruste environnement, mais sous un soleil magnifique, que j'assiste à l'investiture du triumvirat ayant symboliquement pris le pouvoir dans le Nangarhar, province clé de l'Afghanistan, commandant le passage vers le Pakistan. Côte à côte, Hadji Kadir (mon nouvel ami le gouverneur), Hadji Zaman, le « chef de l'armée », et Azirat Ali, le « superintendant de la police », regardent descendre le drapeau blanc des talibans et monter les couleurs vert, blanc, noir du nouveau régime à Kaboul, avant de prêter serment sur le Coran.

Bien sûr, il n'y a plus ni armée, ni police, ni administration provinciale en tant que telles, ni même le premier dollar ou la première roupie, pour payer d'éventuels salaires. L'important est que la nomination de ces trois hauts responsables reflète au mieux les équilibres ethniques indispensables à l'établissement d'une paix civile.

Hadji Zaman, appellation rappelant qu'il a effectué le « hadj » ou pèlerinage à La Mecque, a trois grands atouts. D'abord, il est pachtoune, et chef de la tribu des Khogiani, très nombreux dans la ville et les montagnes du nord de Djallalabad. Ensuite, blessé à huit reprises, opéré trois fois à l'étranger, il a effectué un irréprochable djihad pendant l'occupation soviétique de l'Afghanistan (1980-1989). Enfin, propriétaire d'une villa à Peshawar, il entretient de bonnes relations avec le puissant voisin pakistanais.

Azirat Ali n'est qu'un Pashaï, né dans une vallée reculée proche du Nouristan, une région de hautes montagnes boisées situées à l'est du massif du Panchir, qui n'a été islamisée qu'en 1895-1896, par une expédition militaire du grand roi centralisateur Abdour Rahman.

Azirat Ali se sent à son aise à Djallalabad, où les gens du nord de la province n'ont jamais été l'objet de discriminations. Mais son principal atout est d'être un lieutenant du général Fahim, le guerrier qui a succédé, à la tête des Tadjiks, au légendaire Commandant Massoud. Azirat Ali incarne alors le pouvoir victorieux à Kaboul.

Plus âgé et expérimenté que les deux précédents, Hadji Kadir, frère du commandant pro-occidental Abdul Haq exécuté par les talibans le 27 octobre 2001, a retrouvé son poste de gouverneur, dont il a tiré des profits lucratifs (y compris en prélevant une dîme sur le trafic d'opium) entre 1992 et 1996, pour une très simple raison : il représente le meilleur pont entre les nations du sud et du nord de l'Afghanistan.

Natif de Djallalabad, pachtoune lui-même, il appartient à la tribu des Jabbar Khaïl, qui a la particularité d'être mixte et de parler à la fois le pachtou (langue du sud) et le dari (la langue du nord, très proche du persan). Lorsqu'il fut chassé en 1996 de Djallalabad par les talibans, Hadji

Kadir, en mauvais termes avec les Pakistanais, se réfugia dans le nord du pays tenu par le Commandant Massoud, qui lui offrit en cadeau une jeep russe, que j'essaierai moi-même dans le parking de sa villa.

Ce triumvirat équilibré a été choisi par une mini-choura composée des chefs des quatre plus grandes tribus de la province du Nangahrar et présidée par Din Mohammad, frère aîné d'Abdul Haq et d'Hadji Kadir.

Pour tenter de comprendre comment se fait la politique en Afghanistan, je décide de suivre le gouverneur, lorsque, le front ceint d'un magnifique turban doré, il se rend le matin au palais du gouvernement provincial. Là, malgré la majesté du lieu et la taille du bâtiment, le gouverneur ne dispose ni de bureau fixe, ni de secrétaire, ni bien sûr de téléphone.

Tout se passe comme si l'administration se faisait en marchant. A peine sorti de son luxueux 4×4, Hadji Kadir est assailli de plaignants, qui l'attendaient assis à l'ombre d'un jacaranda. Ils tentent de lui glisser un petit bout de papier, calligraphié en caractères arabes, portant l'objet de leurs requêtes. Parfois le gouverneur répond, parfois il fourre dans sa poche le message, parfois il hoche la tête d'un air courroucé.

De son pas lent et fier, le chef de la province a maintenant gagné le premier étage, où d'innombrables pièces, ouvertes sur un couloir, se succèdent en enfilade. Chacune est occupée par les sages d'une même tribu, d'un même village, assis en tailleur à même une moquette hors d'âge et poursuivant leur « mouchavarat » (assemblée consultative informelle). Le gouverneur s'arrête longuement dans chacune d'elles, pour recevoir des serments d'allégeance, précédés d'interminables salamalecs, pour prendre note des demandes collectives, ou pour prendre acte de changements d'autorité intervenus dans les tribus. Aussi étrange que cela puisse me paraître, je comprends que l'administration afghane ne se fait pas, alors, dans des bureaux. Les principales fonctions de l'Etat sont assurées à travers ces innombrables assemblées d'hommes assis en tailleur, discutant autour d'une tasse de thé vert…

Pour la grande politique, les hommes de Djallalabad attendent impatiemment, en cette fin du mois de novembre 2001, la réunion d'une « loya jirgha » à Kaboul, immense assemblée traditionnelle de l'histoire afghane, constituée de tous les grands chefs de tribu et des oulémas les plus prestigieux du pays, et seule habilitée à désigner le nouveau chef de l'Etat. Au sein du triumvirat de Djallalabad, Kadir et Zaman sont ouvertement favorables au retour du roi sur son trône. Prudent, Azirat Ali préfère affirmer qu'il se conformera à « toute décision de la loya jirgha ».

La rumeur court que les Américains ont déjà choisi le futur leader de l'Afghanistan, en la personne d'Hamid Karzaï. Comme ce dernier fut un résistant royaliste de premier plan pendant l'occupation soviétique, et qu'il dirige la prestigieuse tribu pachtoune des Popalzaï, le nom de Karzaï est bien accepté par les habitants de Djallalabad.

En fin de visite au palais, le gouverneur et sa suite gagnent un salon fermé par une porte brinquebalante et gardé par le « chaprassy », l'équivalent de notre huissier. L'heure est venue de recevoir officiellement les complaintes et les requêtes plus personnelles. Pour entrer, les hommes ne donnent à l'huissier que le nom de leur tribu. Car, dans la société afghane, l'individu n'est rien et la tribu est tout.

Toutes les requêtes sont, à cette époque, liées à la distribution des postes dans l'armée et la police, les seules administrations officiellement existantes, ou à la confirmation de l'amnistie.

Dans cette cour orientale que devient, le matin, le parc du palais du gouvernement provincial, je ne verrai pas la moindre femme. Régime taliban ou non, les femmes n'ont pas voix au chapitre dans la vie publique afghane. Même au bazar, pourtant fort animé, je n'en rencontre pas une seule. Dans les rues, parfois, je vois seulement des silhouettes, entièrement recouvertes de la burqa bleu ciel, tenant un enfant à la main, longer des murs en pisé pour se faufiler d'une maison à l'autre. A Djallalabad, les femmes ne sortent de chez elles que pour rendre visite à des parents proches. Mais l'une de leurs distractions favorites est d'écouter les programmes en pachtou de la BBC, diffusés sur ondes courtes. En fait, à Djallalabad, les femmes se tiennent autant au courant que leurs frères et leurs maris de l'évolution de la guerre et de la politique dans le pays.

Vers 13 heures, le gouverneur regagne son domicile, pour y dire sa *zuhar*, la seconde prière de la journée. Puis vient l'heure de la sieste, indispensable durant le jeûne du ramadan. Personne n'oserait alors déranger Hadji Kadir, sauf urgence exceptionnelle. Ce fut le cas le mardi 20 novembre 2001, lorsqu'on vint l'avertir qu'une bombe américaine était tombée par mégarde sur un village proche de la frontière pakistanaise, faisant dix-huit victimes civiles : la première d'une très longue liste de bavures imputables à l'US Air Force.

Le gouverneur se précipita alors dans sa voiture, pour aller sur place calmer les tribus frontalières en colère, afin d'éviter qu'elles ne protestent en coupant la route menant à la passe de Khyber.

A cette époque, je ne peux m'imaginer que les Américains mettront près de huit ans avant de réaliser les effets contre-productifs de l'usage de l'arme aérienne dans une guerre asymétrique. Au mois de juillet 2008, alors que je séjournais à Washington, j'avais été frappé par un incident qui avait été relaté dans le *New York Times*. L'US Air Force avait lâché une bombe sur une fête de célébration d'un mariage à l'est de l'Afghanistan, faisant plus d'une cinquantaine de victimes civiles. Dans le bureau que j'occupais dans le grenier d'une petite maison en bois de Georgetown, je m'étais refait le film de la bavure. Un sous-officier, de permanence, la nuit, devant son écran d'un centre de renseignements militaire situé au fin fond du Nevada. Les images qui défilent, devant les yeux de ce soldat consciencieux, proviennent d'un drone de surveillance survolant de jour – décalage horaire oblige – un fief habituel de l'insurrection afghane anti-Otan. Soudain le militaire américain repère sur son écran un large groupe d'hommes, surmonté d'un nuage de fumée. Grâce à ses commandes numérisées, il vise immédiatement la scène et agrandit l'image. Il n'y a, dans ce groupe, que des hommes, la plupart barbus et enturbannés. Leur apparence vestimentaire et physique correspond exactement à celle des talibans. Qui plus est, ces hommes ont des fusils à la main. En agrandissant encore l'image, le sous-officier constate que, d'après sa nomenclature, ces fusils, des AK-47, sont classés « armes de guerre ». Pire encore, ces hommes n'arrêtent pas de tirer, comme en témoigne la fumée s'échappant de leurs fusils. L'homme devant l'écran et l'officier qui commande la salle d'opérations n'ont plus aucune hésitation : ils suggèrent une frappe aérienne contre ce groupe éminemment suspect et transmettent ses coordonnées géographiques. Dans les cinq minutes, un chasseur-bombardier décolle de la base de Kandahar, pour aller larguer une bombe de 225 kilos sur ce « rassemblement de dangereux talibans armés ». Pas de chance, ce n'était qu'une inoffensive fantasia visant à célébrer un mariage ! En Orient, la population masculine célèbre toujours un événement festif par des tirs en l'air. Et les Kalachnikov (ou fusil d'assaut AK-47) sont aussi répandues chez les paysans afghans que peuvent l'être les battes de base-ball dans les foyers de la *middle class* américaine. Sans doute, les militaires de l'US Air Force du Nevada n'en étaient-ils pas conscients. Mais quand on se lance dans des expéditions militaires lointaines, se voulant pacificatrices, mieux vaut connaître les mœurs et usages des populations qu'on est venu aider ! Je suis sûr que, ce jour-là, ce sont au moins 500 Pachtounes qui ont décidé de rejoindre l'insurrection anti-américaine, ne serait-ce que pour venger les frères et les cousins injustement massacrés par la bavure. Il faudra attendre le mois de septembre 2009 pour que le général McChrystal, commandant en chef de l'Otan en Afghanistan, ordonne des restrictions drastiques quant à l'usage de l'arme aérienne.

*

* *

Le lendemain de cette première bavure américaine de novembre 2001 dans la région de

Djallalabad, à peine libérée des talibans, les activités politiques reprirent. A la nuit, après l'*iftar*, le dîner rituel brisant le jeûne de la journée, le commandant Zaman, chef de l'armée, me reçut, dehors, à la bougie, assis en tailleur sur un tapis jeté sur le sol de ciment d'un joli kiosque, édifié au milieu de l'orangeraie du parc de sa villa. Ayant, par le passé, séjourné quelques mois à Dijon, Zaman veut accueillir chaleureusement le journaliste français que je suis. « Pardonnez-moi cet inconfort, mais l'intérieur de la maison est encore pire, l'intégralité des meubles ayant été pillés », dit-il d'un sourire un peu las.

Le commandant, qui jure reconnaître pleinement l'autorité du gouverneur, prend cependant un malin plaisir à souligner que sa tribu est bien plus nombreuse que celle de son patron formel lequel, bien sûr en privé, me le démentira plus tard. Les trois membres du triumvirat de Djallalabad consacrent autant d'énergie à s'épier les uns les autres, qu'à bâtir les premières fondations d'une administration. Je comprends alors que, dans la mentalité afghane, l'important n'est pas la santé de l'Etat en soi, mais le rang que s'y taillera telle ou telle tribu.

Certes, lorsqu'un danger mortel menace le pays, comme ce fut le cas lors de l'agression militaire soviétique du 27 décembre 1979, la nation afghane est capable de s'unir. Mais une fois disparu l'ennemi commun, la jalousie et les rivalités tribales reprennent le dessus.

Il existait jadis à Kaboul une élite intellectuelle afghane, au sein de laquelle on trouvait des personnalités motivées davantage par l'intérêt public et le service de l'Etat que par la petite politique tribale ou l'enrichissement personnel dans le commerce transfrontalier avec l'Iran et le Pakistan. Ces hommes, qui avaient fait leurs études secondaires au lycée français Esteqlal, au lycée allemand Nedjat ou à l'école anglaise Amanya, établissements fondés entre les deux guerres mondiales, sont tous partis se réfugier en Europe ou aux Etats-Unis.

Les derniers ont quitté Kaboul en 1993, lorsqu'il était devenu évident que la capitale ne se relèverait pas de sitôt des ruines provoquées par les guerres intestines entre moudjahidine.

Mon entretien à la bougie avec le commandant Zaman est sans arrêt interrompu par des visiteurs venus présenter des requêtes. Un vieillard à longue barbe blanche, grand propriétaire foncier, vient demander de l'aide pour expulser des familles occupant « illégalement » une partie de ses terres. Mais, tentant de faire d'une pierre deux coups, il réclame également la promesse d'une exemption fiscale au cas, très improbable, où quelque service d'impôts serait rétabli.

Trois hommes jeunes, coiffés du pakol, et se réchauffant les épaules dans leur sarder (long châle traditionnel de laine brune à liseré multicolore), constituent la délégation envoyée par le conseil des anciens d'un village de montagne. Ils sont venus faire allégeance et proposer leurs services dans la guerre « contre les Arabes ». Le chef militaire de la région Est estime qu'un millier de soldats de Ben Laden, « fanatisés, très bien équipés, prêts à mourir au combat plutôt que de se rendre », se sont regroupés dans la chaîne des Montagnes blanches, qui commencent à 45 kilomètres au sud-ouest de Djallalabad, et s'étendent jusqu'aux impénétrables « zones tribales » pakistanaises.

« Que voulez-vous que je leur réponde ? dit Zaman dans son anglais heurté, en se tournant soudain vers moi. Sans parler des armes et des munitions, je n'aurais même pas de quoi les nourrir sur le front. Avant d'envisager de chasser ces étrangers des montagnes de notre pays, je dois d'abord faire le ménage ici, et reconstruire un semblant d'organisation militaire dans la province. »

En cette fin du mois de novembre 2001, je commence à me faire une petite idée de l'immense décalage existant entre la manière dont on fait de la politique en Afghanistan et le fonctionnement de la plus proche des démocraties voisines, l'Inde, pays que je connais un peu, pour y être allé une dizaine de fois en reportage au cours des années 80 et 90. Mais je réalise que, pour mieux comprendre, je ne peux me contenter des interviews que j'ai faites auprès des acteurs de la nouvelle politique post-talibane. Il me faut rencontrer un observateur neutre, ce qu'on appellerait chez nous un « acteur de la société civile ». Après m'être renseigné auprès des commerçants du bazar de Djallalabad, j'entends parler d'un certain Mahmoud. C'est le directeur local d'une organisation humanitaire européenne spécialisée dans l'adduction d'eau et l'irrigation, qui a réussi à continuer à travailler sous le régime des talibans. Cet homme à barbe poivre et sel, qui parle un anglais parfait, me reçoit dans le patio d'une villa fleurie, ceinte de hauts murs, située à la périphérie de la ville. Le constat de Mahmoud est, déjà à cette époque, empreint de pessimisme. « Azirat Ali et Zaman ne semblent pas être de mauvais gars. Ils ont rétabli la sécurité la nuit dans la ville. Et, au moins, ils n'ont pas l'arrogance des moudjahidine de 1992. Ils restent modestes et ils savent écouter. Mais ce ne sont que des soldats : quelles connaissances ont-ils pour reconstruire efficacement un Etat ? » me confie-t-il, en tirant sur sa cigarette russe.

Quand je tente de lui faire admettre que la situation est peut-être plus prometteuse que sous le régime des talibans, Mahmoud hausse les épaules : « Les talibans avaient échoué en tout, sauf dans deux domaines : la sécurité des routes et l'éradication du pavot. Dans le domaine scolaire, ils avaient supprimé l'instruction des filles et, pour les garçons, remplacé l'enseignement des sciences par de l'endoctrinement religieux. Quant aux domaines sanitaire et agricole, ils étaient entièrement entre les mains des organisations humanitaires occidentales, du moins pour ce qui concerne les réalisations tangibles. Comment voulez-vous que ces gars directement sortis des mosquées aient pu avoir même la moindre idée de ce que pouvait être le développement d'un pays ? »

Pour mieux se faire comprendre, Mahmoud fait un retour dans l'histoire de son pays : « Depuis vingt-cinq ans, ce sont des puissances étrangères qui font la politique de l'Afghanistan. Après le départ des Russes en 1989, l'Amérique nous a abandonnés aux mains de l'Iran et du Pakistan. Ces deux pays ont utilisé chez nous le fanatisme religieux comme un outil de contrôle du pays. Ils ont donné le pouvoir aux plus analphabètes d'entre nous. Le résultat ne s'est pas fait attendre : ce que les Soviétiques n'avaient pas ravagé, nous l'avons nous-mêmes détruit ! Mon seul espoir est que le roi revienne et surtout, avec lui, les cadres instruits qui ont fui à l'étranger. Car l'art de gouverner et de reconstruire une économie, ça ne s'improvise pas ! »

Le roi reviendra à Kaboul, mais insistera, en raison de son âge, pour laisser à Karzaï le rôle de chef de l'Etat. Quelques cadres reviendront également, comme l'actuel ministre des Finances Zakhelwal, titulaire d'un doctorat en économie d'une université canadienne, et ancien chef d'un bureau fédéral de statistiques à Ottawa. Mais Karzaï tardera trop à donner de vraies responsabilités à ces technocrates formés à l'étranger et revenus au pays par patriotisme. Dans les premières années de son pouvoir, il préférera s'appuyer sur les anciens seigneurs de la guerre, et les chefs des grandes tribus.

Je quitte l'Afghanistan – en empruntant la route menant à la passe de Khyber – le 28 novembre 2001, le jour même où, à Bonn, en Allemagne, s'ouvre une grande conférence internationale consacrée à l'avenir politique du pays. Bercé par les cahots, je réfléchis à l'histoire de la région. En 1878, le Congrès de Berlin s'était déjà penché sur l'Afghanistan, pour admettre la soumission de sa politique étrangère à l'empire de la reine Victoria. Mais les Britanniques avaient eu la prudence de renoncer absolument à se mêler de politique intérieure afghane.

Les bulletins de la BBC, que j'écoute sur ma mini-radio Sony à ondes courtes, m'informent que l'Onu et les grandes puissances occidentales affichent leur volonté de reconstruire un Etat viable et « démocratique » en Afghanistan. Cette notion si occidentale de « démocratie » me fait peur. Je me dis qu'il faudra aux représentants spéciaux du secrétaire général et aux fonctionnaires onusiens bien davantage d'énergie, de fermeté, de capacité d'adaptation aux réalités locales, que celles dont ils ont fait preuve en Bosnie et au Kosovo, régions où j'ai longuement séjourné pendant la précédente décennie. En mon for intérieur, je souhaite bonne chance à l'Onu, tout en restant extrêmement sceptique : les Balkans m'apparaissent alors comme de paisibles oasis occidentalisées, comparés aux vallées, montagnes et plateaux de l'Hindu Kush, occupés par ces innombrables et indémêlables tribus afghanes…

*

* *

Il me faudra attendre huit ans pour rencontrer cet Hamid Karzaï, dont j'avais entendu parler pour la première fois lors de mon séjour de l'automne 2001 à Djallalabad.

Dès mon arrivée à Kaboul à la mi-août 2009 pour couvrir les élections présidentielles, je nourris le projet d'interviewer cet élégant Pachtoune, devenu entre-temps une star internationale. J'y arriverai après quinze jours d'efforts constants, grâce à l'aide de Najib Manalaï, ingénieur parfaitement francophone, l'un de ces technocrates revenus d'Occident pour servir son pays. Conseiller technique au cabinet du ministre des Finances Zakhelwal, Najib me fait inviter un soir à partager un repas d'*iftar* avec son patron. Le ministre se plaint devant moi de l'injustice des reporters occidentaux, qui ne cessent selon lui de stigmatiser la corruption et l'inefficacité du gouvernement Karzaï.

Me recevant dans son modeste salon où jouent ses enfants, Zakhelwal rejette également les accusations de fraude massive au scrutin du 20 août, lancées par le leader de l'opposition Abdullah Abdullah, et reprises mezza voce par de hauts fonctionnaires de l'Onu. Grâce à mes contacts à l'ambassade des Etats-Unis, je sais que l'entretien du 23 août entre le président Karzaï et Richard Holbrooke, le représentant spécial de la Maison Blanche pour le dossier « Af-Pak », s'est très mal passé. Persuadé d'avoir emporté plus de 50 % des voix dès le premier tour, Karzaï a très mal supporté que Holbrooke lui enjoigne de se préparer à la tenue d'un deuxième tour de scrutin. Le président estime qu'il y a un complot ourdi contre lui par la presse et les diplomates anglo-saxons. Je n'en crois personnellement pas un mot, mais je vois dans cette paranoïa du pouvoir une occasion unique pour accomplir mon projet, bien que je sache que Karzaï n'a pas reçu un seul journaliste depuis plus d'un mois.

J'explique à Zakhelwal que Karzaï devrait se défendre et que mon journal est prêt à lui offrir une page entière. « Ce seront mes questions, mais nous publierons l'intégralité des réponses du président », lui dis-je. Le ministre des Finances accepte de se faire mon porte-parole à la présidence.

Je ne me fais pas énormément d'illusions quant à mes chances d'obtenir ce scoop, mais je me dis qu'il n'est pas impossible que Karzaï, énervé par ses mentors américains, décide soudainement de prendre une posture gaullienne et de manifester, dans un journal français, sa passagère colère.

Un matin, Najib m'appelle pour me donner le numéro du secrétaire de Karzaï, afin qu'il me donne un rendez-vous : le président a accepté le principe de l'interview !

Après deux annulations successives, un troisième rendez-vous, promis comme « sûr », m'est donné pour le 5 septembre au soir, à 21 heures. Je dois me présenter, accompagné par mon photographe et ma preneuse de notes, une heure et demie à l'avance.

Pour parvenir au cœur du palais présidentiel, l'ancienne résidence royale de Kaboul, il nous faut marcher un bon kilomètre, le long d'immenses murailles de béton, qui cachent d'admirables jardins, éclairés par la lune. Dans ce qui est l'espace le plus sécurisé du monde, plus encore que la Maison Blanche à Washington, il nous faut montrer patte blanche à quatre barrages différents, tenus par les soldats surarmés des forces spéciales afghanes. On donne notre matériel à renifler à des chiens, dressés pour repérer l'odeur de la poudre.

On nous fouille au corps, on nous fait passer deux fois sous des détecteurs de métaux. Une demi-heure plus tard, la légendaire hospitalité afghane prévaut enfin. Hamid Akran, le chef du protocole au français parfait, vient nous accueillir dans les jardins. Un peu d'attente, il est 21 heures, le président n'est pas encore revenu de la prière, particulièrement importante en période de ramadan. Thé dans une antichambre du « palais des fleurs », construit dans les années 50 par Zaher Shah, où nous saluons un visiteur en turban et sandales : je reconnais le gouverneur de Kaboul, qui n'est autre que le petit frère du légendaire commandant Abdul Haq, et de Hadji Kadir, mon ami ancien gouverneur de Djallalabad, mort dans un attentat en 2002.

Le président Karzaï nous reçoit dans son austère bureau, où trônent deux photos seulement : son tout jeune fils unique Mirwaïs et le roi Zaher. Il se montre extrêmement poli, mais l'on sent une légère tension dans l'air. Afin de prouver que je ne suis pas un nouveau venu sur la scène afghane, je lui montre une page du *Figaro* datant de 1986, où l'on me voit en photo avec un chef de la résistance antisoviétique, dans la vallée de Djegdalek. Le président reconnaît immédiatement le commandant Gulruz, et se met à me donner de ses nouvelles. L'atmosphère se détend. Le président nous sert lui-même des pistaches, des gâteaux et du thé vert. Quand je le sens vraiment en confiance et détendu, je déclenche le magnétophone et commence, en anglais, la réelle interview :

« *Pouvons-nous dire aujourd'hui que vous avez été réélu président de l'Afghanistan ?*

— Je l'espère, je le pense.

— *Faudra-t-il un deuxième tour ?*

— Si le peuple afghan a décidé qu'il n'y en aurait pas, il n'y en aura pas. Mais si le dépouillement final montre qu'il en faut un, il aura lieu. En 2004, j'ai obtenu 54,5 % au premier tour, grâce au soutien du Sud, de Kaboul et de Herat. Cette fois-ci, je bénéficie du soutien supplémentaire de la communauté ouzbèke et d'une bonne partie des Hazaras et des Tadjiks. Je compte donc améliorer mon score.

— *Mais votre principal challenger, le Dr Abdullah Abdullah, parle d'une fraude d'Etat, massive. Que répondez-vous, face à ces graves accusations ?*

— Au cours de mes sept dernières années au pouvoir, la presse occidentale m'a constamment reproché d'être trop tolérant, trop accommodant. Eh bien, je vais continuer comme ça. Je ne répondrai donc pas aux remarques faites par M. Abdullah. Ceci est une élection : il y aura un vainqueur et un perdant. Si je suis le perdant, je serai sans doute, moi aussi, amer.

« En fait, les gens ont voté exactement comme en 2004. L'Afghanistan, c'est une société traditionnelle, tribale. Les gens votent collectivement. Ce sont des blocs entiers de voix qui se sont portés sur mon nom, ou sur celui de M. Abdullah.

« Très décevante est la manière dont les médias britanniques et américains ont manqué de respect à l'égard de ces élections. Songez aux 22 collaborateurs de la Commission électorale qui ont trouvé la mort dans ce processus démocratique honni par les talibans ! Songez aux policiers afghans et aux soldats de l'Otan qui ont été tués ! Ces journalistes cherchent à délégitimer le futur gouvernement afghan. Si cette manipulation médiatique a pour but d'installer un gouvernement de marionnettes, cela ne marchera pas. En Afghanistan, les marionnettes n'ont jamais porté chance à leurs maîtres étrangers. Par le passé, les empires britannique et soviétique ont essayé. Cela a échoué lamentablement ! J'espère que les Américains n'essaieront pas la même chose, car ils s'exposeraient au même destin !

« Quant aux élections, il y a eu des fraudes en 2004, il y en a aujourd'hui, il y en aura demain, c'est hélas inévitable, dans une démocratie naissante. Mais notre loi donne tous pouvoirs à une commission indépendante pour statuer sur les plaintes déposées et corriger les résultats. Quant à moi, je respecterai le résultat final, quel qu'il soit.

— *Vous êtes au pouvoir depuis sept ans et demi. Quels ont été vos succès, vos échecs ?*

— Mon gouvernement a redonné l'Afghanistan aux Afghans. Communistes, moudjahidine, religieux, non-religieux, hommes, femmes, riches, pauvres… tous sont revenus en Afghanistan. Les Afghans pauvres, qui étaient réfugiés par millions au Pakistan et en Iran, sont revenus dans leurs villages. Les riches Afghans d'Europe et d'Amérique sont revenus au pays, où ils tentent de s'enrichir encore davantage. Nous avons rétabli un Etat, un Trésor public. En 2002, l'Afghanistan n'avait que 180 millions de dollars de réserves de change. Il en a aujourd'hui 3,7 milliards. En 2002, les Afghans utilisaient cinq monnaies différentes. Ils n'utilisent aujourd'hui que l'afghani, dont le cours est stable. Des milliers de garçons et de filles sont scolarisés. L'enseignement supérieur progresse. La liberté de la presse est totale, parfois à la limite de l'anarchie. L'Afghanistan a reconstruit son économie. Voilà pour nos succès.

« Mais nous n'avons pas réussi à apporter la paix à tout le territoire, nous n'avons pas vaincu le terrorisme. C'est une responsabilité que je partage avec la communauté internationale. Ma tristesse la plus grande aujourd'hui ? Tous ces morts, soldats de l'Otan comme civils afghans.

— *Quels devraient être les premiers cent jours de votre nouveau mandat ?*

— D'abord constituer une équipe ministérielle de meilleure qualité. Ensuite rétablir la confiance avec les gouvernements étrangers, surtout les Américains et les Britanniques. L'Afghanistan est leur ami, leur partenaire. Mais, dans ce partenariat, nous réclamons dignité, respect, sécurité. La guerre contre le terrorisme ne sera gagnée que si les Afghans y sont pleinement associés.

— *Au cours de la campagne, vous avez dit que vous offririez un haut poste dans l'Etat au Dr Abdullah. Cette proposition tient-elle toujours ?*

— Si vous parlez d'un arrangement électoral, il n'en est pas question. Raison de plus, s'il était imposé de l'étranger… Ce scrutin démocratique, pour lequel des dizaines d'Afghans sont morts, n'aurait alors plus de sens ! Attendons les résultats. Si je sors vainqueur, je proposerai à tous les Afghans compétents souhaitant travailler avec moi pour le bien du pays, une place dans mon gouvernement.

— *Quelles mesures allez-vous prendre pour engager un dialogue de réconciliation nationale avec les talibans ?*

— C'est quelque chose que je vais faire dans ces cent premiers jours. J'ai remarqué un changement d'attitude du président Obama, par rapport à son prédécesseur. Mais attention – et c'est quelque chose que l'Arabie Saoudite doit bien retenir –, pas question d'un dialogue avec des talibans qui ne renonceraient pas à leurs liens avec Al-Qaida, ou qui refuseraient de reconnaître la Constitution afghane.

— *Seriez-vous prêt à accorder des sauf-conduits aux talibans "politiques", afin qu'ils puissent venir négocier à Kaboul ?*

— Oui, dès demain.

— *Beaucoup d'Afghans et d'internationaux disent que votre famille s'est considérablement enrichie et que votre frère, Walid Karzaï, président du Conseil régional de Kandahar, est l'un des plus grands trafiquants d'opium du pays... Quelle est votre réponse à ces accusations ?*

— Dans ce même bureau, deux mois avant les élections de 2004, j'ai eu une discussion extrêmement orageuse avec les ambassadeurs américain et russe, qui voulaient m'imposer la destruction par épandage aérien des champs de pavot. Je m'y suis opposé, leur disant qu'ils provoqueraient un soulèvement paysan comparable à celui qui eut lieu contre les Soviétiques. Deux jours après, paraissait, dans le *New York Times*, un article prétendant que mon frère était un trafiquant de drogue... En vain, j'ai demandé des preuves aux ambassades, aux services de renseignements occidentaux. J'ai écrit deux fois à l'ambassade américaine pour leur demander le début d'un commencement de preuve. Deux fois, ma lettre est restée sans réponse ! Méfiez-vous des rumeurs en Afghanistan... Quant à mon autre frère, celui qui monta jadis une chaîne de restaurants afghans en Amérique, je ne l'ai jamais aidé ! Lorsque le gouvernement américain a voulu en 2003 lui accorder un prêt pour un projet immobilier à Kandahar, j'ai écrit à l'ambassade pour leur dire que ce n'était pas une bonne idée. Ils m'ont répondu qu'il était citoyen américain, et que je n'avais donc aucune juridiction sur cette affaire...

« Ceci dit, je ne vais pas nier qu'il y a un gros problème de corruption au sein de notre administration. Ma priorité est de la combattre. Mais je vais aussi demander plus de transparence à nos partenaires étrangers.

— *La CIA accuse le général Fahim, l'homme que vous avez choisi comme vice-président, d'avoir transporté, par avion militaire afghan, des tonnes d'opium lorsqu'il était votre ministre de la Défense...*

— Ce n'est pas une attaque contre Fahim Khan, c'est une attaque contre moi ! Avant qu'il devienne candidat, les Américains n'arrêtaient pas de partager avec lui agapes et jeux de bouzkachi, et d'aller se détendre dans sa ferme du Panchir... Ils le lâchent aujourd'hui, comme ils ont lâché le général Dostom, qu'ils avaient pourtant encouragé à se présenter aux présidentielles de 2004. Les Américains attaquent Karzaï en sous-main, parce qu'ils l'aimeraient plus docile. Ils ont tort. Car il est de leur intérêt, en tant qu'amis et alliés, que l'Afghanistan ait un président respecté par son peuple. Personne n'a intérêt à ce que le président afghan devienne une marionnette américaine !

— *Vous avez vivement critiqué le bombardement aérien de l'Otan sur le camion-citerne dont les talibans s'étaient emparés dans la région de Kunduz. Pourquoi ?*

— Quelle erreur de jugement ! Plus de 90 morts pour un simple camion, qui était de surcroît immobilisé dans le lit d'une rivière ! Pourquoi n'ont-ils pas envoyé des troupes au sol pour aller récupérer la citerne ? Le général McChrystal m'a d'ailleurs téléphoné pour me présenter ses excuses, et me dire qu'il n'avait pas lui-même donné cet ordre de bombardement.

— *Que pensez-vous de la nouvelle stratégie du*

général, telle qu'elle apparaît dans le rapport qu'il vient de transmettre à la Maison Blanche ?

— Il est venu me l'exposer personnellement. Protéger la population afghane plutôt que tuer le plus de talibans possible : j'approuve à 100 %. En revanche, mon opinion diffère de la sienne, lorsqu'il assimile la guerre au terrorisme à de la contre-insurrection. L'insurrection, c'est quelque chose de totalement différent du terrorisme, c'est une affaire intérieure afghane. Concentrons-nous sur la guerre aux terroristes et à leurs ramifications internationales. Mon gouvernement fera tout ce qu'il peut pour aider nos alliés américains à protéger la population afghane.

— *Comment les forces de l'Otan et la communauté des pays donateurs pourraient-elles améliorer leur aide à l'Afghanistan ?*

— En se coordonnant mieux, entre eux, et avec l'administration afghane. En offrant plus de transparence dans la manière dont ils allouent leur aide, dans la manière dont ils contrôlent l'exécution des projets de développement.

— *Qu'avez-vous à dire à la France, dont les soldats meurent pour votre pays ?*

— La France entretient des liens d'amitié très anciens avec l'Afghanistan. Une grande partie de notre élite est francophone. Les Afghans savent que l'aide de la France a toujours été désintéressée, ce qui n'est pas toujours le cas des autres puissances étrangères. La France nous aide dans nos besoins les plus urgents : l'éducation et la santé. L'hôpital français de Kaboul a déjà sauvé des centaines de femmes et d'enfants afghans. Rien que pour ça, nous lui devons une immense reconnaissance ! »

Il ne m'en faut pas plus. J'ai déjà, dans ma tête, le titre que je proposerai pour l'entretien à ma rédaction : « Je ne serai jamais une marionnette des Américains ! » Le président nous raccompagne dans l'antichambre du palais. Nous tombons sur Zakhelwal, qui attend son audience. Je peux le remercier à chaud pour son intervention.

Je reverrai Karzaï cinq mois plus tard, fin janvier 2010, à l'occasion de la Conférence internationale de Londres sur l'Afghanistan. Conformément à ce qu'il m'avait laissé entendre lors de l'interview, il y annonce son intention d'ouvrir un dialogue de réconciliation nationale avec les talibans décidés à rompre avec Al-Qaida.

Je sais qu'il faudra attendre encore de très longs mois avant qu'un tel dialogue prenne véritablement forme. Car j'ai enfin saisi l'ampleur du décalage existant entre le temps, si lent, de la politique afghane et celui, si impatient, de nos exigences médiatiques occidentales...

CHAPITRE 7

Les mystères de la fuite d'Oussama Ben Laden

Le 16 septembre 2001, cinq jours après l'attentat terroriste le plus meurtrier de l'histoire de l'Occident, le président George W. Bush faisait la promesse à la nation américaine de débusquer, où qu'ils soient, Oussama Ben Laden et ses acolytes, de les « faire sortir de leurs trous » comme des rats enfumés.

Les services spéciaux américains se sont immédiatement mis en chasse. Le FBI a créé une antenne au Pakistan, où le régime militaire du général Moucharraf lui a ouvert les dossiers de l'ISI (Inter Services Intelligence, le service de renseignements militaire) et de l'IB (Intelligence Bureau, le service de renseignements du ministère de l'Intérieur). La CIA a dépêché ses meilleurs agents dans la région, au Pakistan, puis en Afghanistan. Les grands services européens, allemand, anglais, français, ont instantanément apporté leur plein concours à leurs alliés américains.

Dès le mois d'octobre 2001, les forces spéciales de l'armée américaine sont à pied d'œuvre sur le territoire afghan, où elles sont rejointes, au mois de novembre, par des unités régulières.

Sur l'aéroport de Bagram (40 kilomètres au nord-est de Kaboul), les Américains installent, comme les Soviétiques dans les années 80, une immense base militaire. Jamais dans l'histoire autant de moyens militaires et civils de renseignements, autant de bombardements aériens et d'opérations terrestres de ratissage, autant de technologie n'aura été mis au service d'une simple chasse à l'homme.

Neuf mois plus tard, je constate avec étonnement que le chef terroriste le plus recherché de la planète court toujours et que son organisation, Al-Qaida, est encore capable de frapper aussi bien des touristes allemands à Djerba que le consulat général des Etats-Unis à Karachi. J'apprends que les autorités américaines, se fondant sur leurs services d'écoutes et sur les aveux de prisonniers faits en Afghanistan, ont acquis la conviction qu'Al-Qaida prépare activement un nouveau « coup », encore plus dévastateur que celui du 11 Septembre.

En même temps, je m'étonne que les services de renseignements américains – qui, à eux seuls, reçoivent plus d'argent que le cumul de tous les autres services secrets de la planète – n'aient pas été en mesure de seulement localiser Oussama Ben Laden. On l'a dit un moment exfiltré en Iran, pays rangé par le président Bush dans un « axe du Mal » où figurent également l'Irak et la Corée du Nord. On l'a imaginé caché au Yémen, où il serait parvenu en *speed boat*, à partir du rivage pakistanais de l'océan Indien. On l'a pensé réfugié dans les zones tribales pakistanaises longeant la frontière afghane, et notamment au Waziristan, où les Américains ont dépêché des forces spéciales pour diriger les opérations de ratissage effectuées par l'armée pakistanaise.

Je décide alors de me rendre au Pakistan, pour tenter de comprendre comment les Américains ont pu laisser filer Ben Laden. Eric veut m'accompagner, ainsi que notre ami commun Gérard de Villiers. Le célèbre auteur de romans d'espionnage, mettant en scène un prince autrichien pigeant pour la CIA, souhaite récolter sur le terrain de la matière pour son prochain ouvrage.

Dès notre arrivée à Islamabad, nous nous mettons en chasse, pour retrouver le général pakistanais à la retraite Hamid Gul. C'est dans un faubourg de Rawalpindi, la populeuse ville jumelle d'Islamabad, que nous reçoit cet ancien patron tout-puissant de l'ISI, très lié aux milieux islamistes, qui vit alors dans l'un des modestes pavillons d'une cité militaire réservée aux officiers généraux méritants. Dans le salon où il nous offre le thé, sous l'œil vigilant d'un barbu silencieux en chalwar-kamis, trône un morceau authentique du mur de Berlin, offert, en 1990, par le patron du BND (Bundes Nachrichten Dienst, le service de renseignements allemand). Pour le général Gul, il n'est pas impossible qu'Oussama Ben Laden se trouve tout simplement encore en Afghanistan. « Pourquoi voulez-vous qu'il ait quitté un pays où il compte de très solides amis dans la population, où le relief offre d'innombrables cachettes naturelles et où le gouvernement central, inféodé aux Américains, ne contrôle que la capitale ? » nous explique-t-il, avec un grand sourire.

Lorsqu'il était à la tête de l'ISI, le général Hamid Gul gérait la distribution de l'aide américaine en argent et en armes aux moudjahidine afghans combattant l'Armée rouge, en privilégiant les commandants islamistes, dont le célèbre Gulbuddin Hekmatyar, qui, plus tard, disputant vainement Kaboul à Massoud, choisira de détruire la capitale au canon. Ce sont les hommes du même Hekmatyar qui, au mois d'août 2008, dans la haute vallée d'Uzbin (située à égale distance de Kaboul et de Djallalabad), tendront une embuscade meurtrière aux soldats français de l'Otan, fraîchement débarqués sur le théâtre afghan. Dix marsouins y mourront, après s'être courageusement battus jusqu'à leurs dernières cartouches.

Le général Gul, qui, dès la fin de l'occupation soviétique, fut limogé du poste le plus sensible de l'establishment militaire pakistanais, connaît personnellement Ben Laden, pour avoir été à deux reprises invité par lui au Soudan, lorsque le milliardaire saoudien, expulsé de son pays natal, y résidait encore. Le 19 août 2001, soit moins d'un mois avant l'attentat du World Trade Center, Hamid Gul assista à Kaboul, en hôte de marque, au dernier défilé militaire du régime taliban, mais il nous assure ne plus avoir vu Ben Laden depuis l'époque du Soudan…

« Si j'avais à parier, je dirais que Ben Laden se trouve encore en Afghanistan », nous confie, deux jours plus tard, dans sa villa d'un quartier cossu d'Islamabad, le journaliste pakistanais Hamid Mir, que ses confrères décrivent, peut-être par jalousie, comme très proche de l'ISI. Ce moustachu jovial, à l'anglais parfait, est la dernière personne connue, étrangère au réseau Al-Qaida, à avoir rencontré son chef et fondateur.

Recommandé par le mollah Omar, « Commandeur des Croyants » et chef incontesté des talibans, Hamid Mir interviewa Oussama Ben Laden pour la première fois en mars 1997. La rencontre eut lieu dans un camp non loin de Djallalabad, à l'issue de deux heures de balade en 4×4 où le journaliste fut transporté les yeux bandés. D'entrée, Ben Laden fixa les règles du jeu de cette relation qui commençait. Il expliqua au journaliste qu'il était reçu parce qu'il avait toujours, dans ses articles, montré beaucoup d'indépendance d'esprit à l'égard de tous les gouvernements, au premier rang desquels le pakistanais et l'américain. Mais Ben Laden produisit aussi tout un dossier personnel sur Hamid Mir, où les moindres habitudes de vie du journaliste et de sa famille étaient recensées. Le milliardaire saoudien fit clairement comprendre à son interlocuteur à quoi il s'exposait au cas où il transgresserait la confiance qui lui était accordée...

Royalement traité, Hamid Mir dîna, puis déjeuna, le lendemain matin, avec Ben Laden et son lieutenant égyptien, Mohammed Atef.

Pendant la conversation, qui était traduite en anglais par Assad, le fils du cheikh aveugle Abdel Rhamane (le promoteur du premier attentat contre le World Trade Center en 1993, qui purge actuellement une peine de 215 ans dans une prison américaine), Ben Laden revendiqua une responsabilité pour les dix-huit soldats américains tués à Mogadiscio pendant le raid raté des 3-4 octobre 1993, visant à s'emparer du chef de guerre somalien Mohamed Farrah Aïdid (événements qui furent ensuite retracés dans le film hollywoodien *La Chute du faucon noir*).

C'est en écoutant ce récit d'Hamid Mir que je compris que Ben Laden était avant tout un « communiquant » très moderne. Car il se trouve que je m'étais rendu en Somalie en octobre 1993, et que j'avais pu y interviewer Aïdid, qui était alors l'homme le plus recherché du monde par les

Américains. Des miliciens surarmés appartenant à son clan Hawiye étaient venus me chercher en « technical » (camionnette 4×4 équipée d'une mitrailleuse lourde 12,7 montée sur le plateau et servie par deux soldats) dans la villa d'une ONG française, où je logeais. Ils m'avaient noué un foulard autour des yeux, afin que je ne puisse pas identifier l'endroit où me recevrait Aïdid. Une fois assis dans son salon, l'on me rendit la vue, puis apparut un grand homme fin, à la politesse parfaite, qui m'offrit aussitôt un thé et des biscuits au miel. Formé en Italie, puis en Russie, avant d'être emprisonné par le régime de Siad Barre, Aïdid était un chef tribal habitué à frayer avec les étrangers. Jamais il ne fit alors la moindre allusion à Ben Laden (qui n'était pas recherché à l'époque), ni même au Soudan, où le milliardaire saoudien s'était exilé. En revanche, son anti-américanisme n'avait rien d'exacerbé. Que des troupes américaines se trouvassent stationnées en Arabie Saoudite lui était totalement indifférent. En fait, il m'avait reçu pour faire passer un message de conciliation aux Américains, sachant qu'un diplomate de haut rang venait d'arriver au Kenya, en provenance de Washington, afin de prendre langue avec lui. Aïdid mourra en août

1996, au cours d'affrontements intertribaux à Mogadiscio. Huit mois plus tard, dans son premier entretien avec Hamid Mir, Ben Laden ne se vante-t-il pas un peu en s'attribuant le mérite de la destruction de l'hélicoptère américain *Black Hawk* (Le Faucon noir), en réalité abattu par les guerriers du clan Habr Gidr d'Aïdid ? Certes, cet épisode entraîna une suite ressemblant, pour Ben Laden, à un scénario de rêve : le départ de Somalie des forces américaines, ordonné par le président Clinton...

Dans son premier entretien avec le journaliste pakistanais, le chef d'Al-Qaida sut, aussi, élever le débat : il regretta la division des musulmans entre sunnites et chiites, et insista longuement sur la nécessité d'une coalition avec l'Iran pour combattre la présence militaire américaine sur la terre abritant les Lieux saints de l'islam, l'Arabie Saoudite.

Hamid Mir revit longuement Oussama Ben Laden en mai 1998, cette fois dans un vaste complexe militaire proche de l'aéroport de Kandahar. Le journaliste demanda au cheikh comment il pouvait justifier religieusement sa fatwa appelant les musulmans à « tuer des Américains, militaires ou civils, où qu'ils se trouvent ».

Lorsque, dans cette discussion un peu surréaliste, Mir avança l'argument : « Mais il y a des Américains qui sont musulmans ! Comment peux-tu appeler des musulmans à tuer d'autres musulmans ? », Ben Laden répondit : « Je vois que tu essaies de me piéger ; je vais consulter mes amis et je te donnerai une réponse demain matin. »

C'est le médecin égyptien Ayman al-Zawahiri, le plus proche des compagnons du cheikh saoudien, la tête pensante du réseau Al-Qaida, qui apporta lui-même le contre-argument au journaliste pakistanais : « L'islam enseigne que, lorsqu'il y a une guerre contre des infidèles, tous les bons musulmans se trouvant sur le territoire de l'ennemi ont l'obligation de le quitter... » Au cours de ce séjour, il fut décidé qu'Hamid Mir écrirait une biographie de Ben Laden.

Tard, le soir du 11 septembre 2001, Hamid Mir reçut, à son bureau, la visite d'un messager qu'il reconnut immédiatement, mais dont il ne connaissait que le prénom, Mohammed. Cet Arabe, Mir l'avait rencontré et remarqué lors de son séjour chez Ben Laden. Intelligent, parlant plusieurs langues étrangères dont le russe, Mohammed avait notamment confié au journaliste avoir présenté à Ben Laden un ingénieur nucléaire venu d'Ukraine. Ce soir-là, Mohammed n'avait qu'un message à transmettre de la part de Ben Laden : « Je n'ai pas organisé cet attentat, mais je rends hommage à ceux qui l'ont fait. Dis au monde entier que d'autres 11 Septembre vont bientôt survenir ! »

Le 6 novembre au matin, alors que l'intervention militaire américaine en Afghanistan entamait sa cinquième semaine, Hamid Mir reçut un coup de téléphone de Mohammed, lui demandant de se rendre immédiatement au consulat taliban à Peshawar et, de là, à Djallalabad.

Un groupe de combattants arabes conduisit le journaliste à Kaboul, où, le 7 novembre, on lui fit prendre « successivement cinq bains dans un hammam ». Explication de Mir : « Les hommes d'Al-Qaida ne voulaient pas prendre le moindre risque ; il fallait laver ma peau de toute substance radio-émettrice éventuelle. » Ensuite, trois heures de route de nuit, les yeux bandés, enroulé dans une couverture, vers une destination où « il faisait bien plus froid qu'à Kaboul ». Nuit dans une bergerie.

A l'aurore du 8 novembre 2001, Ben Laden arrive, la Kalachnikov à la main, accompagné de al-Zawahiri. Le cheikh donne l'accolade au journaliste. Douze gardes du corps prennent position tout autour. Mir remarque que ce sont tous des Arabes, alors qu'à l'époque de Kandahar, il y avait aussi des Indonésiens, des Pakistanais, des Tchétchènes, etc. L'homme le plus recherché du monde semble dans une parfaite forme physique et très sûr de lui. Il lui dit que, contrairement à toutes les rumeurs qui ont pu courir sur son compte, il n'a jamais été malade. « La seule chose qui puisse à tout moment m'arriver, c'est de mourir, et toi avec moi ! dit Ben Laden en éclatant de rire. Mais, moi, j'ai un avantage : je n'ai pas peur de la mort ! »

Le thé est servi, la conversation sérieuse peut commencer. Le cheikh expose son plan : « Nous allons évacuer Kaboul et toutes les grandes villes. Il est illusoire de mener une guérilla dans les villes : les Américains nous bombarderont. Cette guérilla, nous allons la faire dans les montagnes. Ne t'attarde pas en Afghanistan : tu as juste le temps de revenir chez toi en passant par Djallalabad. » Trois jours plus tard, Ben Laden mettait son plan à exécution.

Il faudra attendre le mois de mars 2002 pour que Hamid Mir reçoive un nouveau signe de vie de Ben Laden. Un fax, ayant transité par Peshawar, parvient au journaliste. Il est signé du mollah Saïfullah Mansour, jeune chef militaire taliban très proche de Ben Laden. Sans explication particulière, le fax invite le journaliste à se rendre au plus vite dans la région de Khost. Cette zone montagneuse limitrophe du Pakistan grouille de combattants d'Al-Qaida. Le 7 mars 2002, les Américains y perdirent huit soldats au combat.

Craignant pour sa sécurité dans les zones contrôlées par le nouveau gouvernement afghan, Hamid Mir nous explique qu'il a préféré renoncer au voyage. Mais, devant Eric, Gérard et moi, il se dit persuadé que Ben Laden se trouvait au mois de mars 2002 dans la région de Khost.

« Depuis, il l'a peut-être quittée. Vous savez, les talibans sont encore très populaires dans les zones pachtounes. Mon avis est que Ben Laden s'y déplace encore, et de manière quasi ouverte ! »

*

* *

Revenons en arrière. Que fit Ben Laden les jours qui ont suivi son entretien avec Hamid Mir ? Lors de mon séjour à Djallalabad l'automne précédent, j'avais appris que, le 10 novembre 2001, Ben Laden y avait fait un discours au centre d'études islamiques de Djallalabad, devant plusieurs centaines de chefs tribaux pachtounes, qui l'acclamèrent longuement. « Les Américains poursuivent un plan d'invasion : sachons rester unis, confions-nous à Allah, et nous allons leur donner une leçon, comme celle que nous avons donnée aux Russes ! » s'exclama Ben Laden. Ses hommes distribuèrent ensuite de l'argent aux participants et préparèrent un convoi en direction du complexe militaire souterrain de Tora-Bora. Comme Kaboul la veille, Djallalabad fut évacuée en bon ordre par les talibans le 13 novembre dans l'après-midi.

Le 16 novembre, l'aviation américaine commence ses bombardements quotidiens sur Tora-Bora. Le 27 novembre marque le début de l'offensive terrestre, confiée aux alliés afghans des Etats-Unis. Deux jours plus tard, le vice-président américain, Dick Cheney, affirme, devant les caméras d'ABC News, que Ben Laden se trouve bien à Tora-Bora et qu'on ne lui laissera aucune chance d'en réchapper. Comment la plus grosse machine militaire de l'Histoire a-t-elle pu laisser échapper de sa redoute le chef terroriste pour lequel elle avait entamé une intervention à plus de 10 000 kilomètres de chez elle ?

L'un des deux commandants afghans à qui les Américains confièrent, à partir du 27 novembre 2001, l'attaque terrestre de la redoute montagneuse d'Oussama Ben Laden à Tora-Bora s'appelle Zaman « Ghamsharik » (en pachtou, « le compatissant »), celui-là même avec qui j'avais passé des soirées à boire le thé à Djallalabad.

Il nous faudra cinq jours d'enquête pour retrouver la trace de Zaman. Au départ, la seule information que nous avions était qu'il avait été chassé au début de 2002 de Djallalabad, par Azirat Ali, le second commandant à qui les Américains avaient sous-traité l'attaque terrestre de Tora-Bora. Nous finissons par localiser Zaman dans un faubourg populaire de Peshawar.

Il y habite une grande bâtisse à moitié terminée, à laquelle nous accédons par une ruelle poussiéreuse, encombrée de rickshaws et de marchands ambulants. La cour intérieure est pleine d'ouvriers remuant du ciment et de gardes du corps affalés sur des *charpoï* (sommiers de cordes tressées), astiquant leurs Kalachnikov par une température de 45 degrés à l'ombre. Dans des pièces crasseuses, où l'on a jeté quelques vieux coussins, des hommes enturbannés à barbe blanche devisent mollement autour d'une tasse de thé : ces

« sages » appartiennent à la tribu de Zaman, les Khogiani, un sous-groupe pachtoune implanté entre Djallalabad et la frontière pakistanaise, très précisément autour du massif de Tora-Bora.

Assis en tailleur sur un tapis élimé, le chef de guerre nous reçoit dans la seule chambre un peu fraîche de l'ensemble, bruyamment ventilée par un climatiseur hors d'âge. En dépit de la chaleur, Zaman porte un gilet sur sa longue chemise : il dissimule un énorme pistolet Makarov à vingt coups, jadis prélevé sur le cadavre d'un pilote d'hélicoptère soviétique. Son expérience personnelle en dit long sur l'extravagante improvisation ayant présidé à la traque américaine du chef d'Al-Qaida.

Ancien chef de guerre réputé du djihad contre les Soviétiques, reconverti ensuite dans le commerce de contrebande entre l'Afghanistan et le Pakistan, Zaman avait été chassé de Djallalabad par les talibans en 1996. Mal vu également des Pakistanais qui soutenaient à l'époque ouvertement le régime islamique rigoureux du mollah Omar, Zaman était finalement parti se réfugier avec sa famille à Dijon.

Le 6 octobre 2001, bouillant d'impatience et constatant que le Pakistan avait changé de bord, le chef pachtoune prend l'avion et revient à Peshawar, où l'attendent ses vassaux, avides de jouer leur partie dans le grand bouleversement militaire qui s'annonce. Parmi les Khogiani qui défilent dans son salon, il y a un père qui lui déclare que son fils a été embauché par Ben Laden, à raison de 3 000 roupies (50 dollars) par jour, pour ravitailler en eau, par convois de mules, les réservoirs du complexe souterrain de Tora-Bora.

Le 15 octobre, Zaman prend contact avec le consulat général américain de Peshawar, où il est reçu par le vice-consul, Roger Kenna, qui est en fait le chef de la station locale de la CIA, en charge des affaires afghanes. « L'entretien, qui s'est prolongé très tard dans la nuit, a duré neuf heures, nous explique Zaman d'une voix un peu fatiguée, mais neutre. J'ai proposé deux options aux Américains : soit de me fournir les armes et le soutien matériel nécessaire et d'aller moi-même, à la tête de mes hommes, capturer Ben Laden ; soit de me prêter un téléphone satellite et un GPS pour que je localise leur ennemi et qu'ils procèdent eux-mêmes à l'opération militaire de sa capture. Je n'ai jamais eu de réponse. »

Le problème est qu'à cette époque le consulat général de Peshawar, seule antenne de l'administration américaine à traiter des affaires afghanes autrement que par images satellites ou écoutes téléphoniques, était débordé. Il manquait cruellement d'effectifs compétents, capables d'analyser puis de canaliser la dizaine d'offres de service similaires qui lui parvenaient tous les jours.

Frustré par le silence américain, Zaman tente sa chance auprès des Britanniques. Chez son ami Hadji Hayatullah, chef salafite (école de l'islam proche du wahhabisme saoudien) de la province afghane du Kunar, qui habite une maison discrète du quartier de University Town, Zaman fait, le 23 octobre, la connaissance d'un certain « James », qui lui est présenté comme « très proche du Premier Ministre Tony Blair ». C'est la façon afghane, délicieusement ingénue, de parler d'un très probable agent du MI6 (Military Intelligence 6, le service de renseignements extérieurs britannique).

Pas plus que les Américains, les Anglais ne répondront aux offres de services de Zaman. A travers divers témoignages, mais sans jamais, hélas, pouvoir le rencontrer nous-mêmes, nous retrouverons la trace de ce mystérieux intermédiaire de Sa Gracieuse Majesté : il a le physique élancé des membres de la gentry, parle l'anglais d'Oxford et s'appelle James Tucker, ou du moins voyage sous un passeport établi à ce nom. En mai 2001, il participa officiellement, sous cette identité, en compagnie de trois autres sujets britanniques et de deux Américains du Département d'Etat, à la mission d'enquête sur le terrain, dans l'Afghanistan des talibans, du Pnucid (Programme des Nations unies pour le contrôle international des drogues), qui constata que le régime du mollah Omar avait tenu sa promesse d'éradication de la culture de l'opium. On l'a beaucoup revu à Djallalabad au début du printemps, en sa qualité de « responsable » du nouveau programme d'aide britannique à l'arrachage des plants de pavot.

Zaman nous raconte que, le 14 novembre 2001, il quitta Peshawar pour Djallalabad, à la tête d'un immense convoi de 200 véhicules, emmenant 1 500 de ses partisans afghans. Il se précipita pour occuper le vide politique laissé par le départ négocié des talibans. Sur place, il a la mauvaise surprise de constater qu'un autre chef de guerre est arrivé avant lui : Azirat Ali, lieutenant du général Fahim, l'homme qui a remplacé Massoud à la tête de l'Alliance du Nord. Quatre jours plus tard, la choura (assemblée des chefs de clan) de Djallalabad installe au pouvoir un triumvirat, où Hadji Kadir devient le gouverneur, Zaman, le ministre régional de la « Guerre », et Azirat Ali, celui de la Sécurité. Nourrie par des rivalités ancestrales, la désunion gagne bientôt le triumvirat.

Mais les Américains n'en ont cure, qui veulent lancer au plus vite, par Afghans interposés, leur chasse à Ben Laden. « Greg, l'officier de liaison américain qui était descendu du nord avec Azirat Ali, vint me trouver pour me dire de préparer une attaque contre Tora-Bora. Mais il ne m'apporta pas de véritable soutien militaire, en dehors d'un peu d'argent », nous raconte Zaman. C'est un homme amer, qui estime qu'il n'a plus rien à perdre. Alors, comme nous sommes français, et qu'il nous a pris en amitié, il nous raconte tout !

Le 27 novembre, l'attaque terrestre de la redoute de Tora-Bora commence, à partir du village montagneux d'Agam, où se concentrent les troupes de Zaman et d'Azirat Ali, qui se partagent le front en deux moitiés égales. Zaman tente d'expliquer aux Américains qu'avant de passer à l'offensive, il conviendrait d'encercler hermétiquement le massif, pour prévenir toute exfiltration vers le Pakistan des hommes d'Al-Qaida. « Le problème est que Greg ne voulait rien entendre : il voulait du résultat tout de suite ! nous explique Zaman. Le premier jour, nous avons eu cinq morts. Mais le lendemain, un combattant taliban me contacte par talkie-walkie pour nous demander de cesser le feu et nous proposer une reddition. Greg ne voulut rien savoir, car il souhaitait l'élimination physique des talibans et Arabes retranchés. J'étais tellement déçu que j'ai appelé à la rescousse James, qui était à Londres. Deux jours plus tard il se faisait déposer à l'aéroport de Djallalabad où je suis allé le chercher pour l'emmener directement sur Tora-Bora. Mais cela n'a rien changé à cette stratégie absurde ! »

Lorsque, le 16 décembre 2001, la redoute de Tora-Bora tombe enfin, les attaquants afghans financés par les Américains ne font que quelques dizaines de prisonniers, des talibans pour la plupart hébétés ou blessés. Tous les autres combattants d'Al-Qaida, plus d'un millier, ont réussi à s'échapper par la montagne vers les zones tribales pakistanaises.

Eric, Gérard et moi sommes fascinés par ce que nous a raconté Zaman, qui nous a retenus tout l'après-midi. Pour Eric, qui est photographe, et pour Gérard, qui est romancier, c'est parfait, mais moi, j'ai absolument besoin d'une source indépendante pour me confirmer la réalité de l'extravagant récit de Zaman. Le vraisemblable suffit à la fiction, pas au journalisme. Nous retournons à Islamabad, afin de faire une visite à l'ambassade des Etats-Unis. Nous sympathisons avec un conseiller, chargé de nous briefer sur la politique de coopération mise en place par l'Amérique dans la province pakistanaise de la frontière du Nord-Ouest. Une fois de retour à Peshawar, nous l'appelons pour lui demander de nous recommander, afin que le consul général accepte de nous recevoir. Ce dernier nous reçoit enfin, dans son *compound* gardé comme Fort Knox, vêtu d'un bermuda, car on est un vendredi, jour de congé au Pakistan. La conversation commence mollement sur les chances de réussite des programmes locaux de la coopération économique américaine. Puis, changeant abruptement de sujet, je lui lance soudain : « M. le Consul général, le 15 octobre dernier, dans ce bureau même, vous et votre collègue de la CIA avez longuement écouté Hadji Zaman, qui était venu vous demander une aide financière et militaire pour lancer un raid contre Ben Laden. Pourquoi... » Surpris, soudain tout rouge, le diplomate me crie : « Mais, bon Dieu, comment vous savez tout ça ?

— Mille mercis, monsieur le Consul général, l'important, pour nous, c'était de vérifier !

— Nous avons immédiatement transmis la demande à Washington. Mais comment diable voulez-vous qu'ils aient pu, là-bas, à cette époque où nous n'avions pratiquement plus de spécialistes de la région, faire le tri entre tout ce qu'ils recevaient ? »

Le diplomate était las. Son visage avait l'air d'avoir vieilli prématurément. Il allait quitter son poste cinq jours plus tard : « Vous ne pouvez pas imaginer à quel point je suis heureux de rentrer à la maison ! » nous dit-il en nous raccompagnant jusqu'aux premières chicanes de béton entourant le consulat général.

Pour parfaire notre compréhension des événements de l'automne 2001, nous montons ensuite un rendez-vous avec le journaliste pakistanais Majeed Babar, enquêteur chevronné du *Khyber News* de Peshawar, que nous rencontrons à l'hôtel Pearl Continental (qui ne sautera que bien plus tard).

D'une voix très calme, il nous relate comment il a retrouvé l'ancien chauffeur afghan de Ben Laden, un certain Noor Baz, qui vivait encore à l'époque paisiblement dans son village de Chaprahar, dans les montagnes situées au nord de Djallalabad. Ce dernier a raconté au journaliste que son maître lui avait donné son congé le 12 décembre 2001, alors que les deux hommes se trouvaient non loin de la frontière pakistanaise. Ben Laden, qui semblait en pleine forme, remercia chaleureusement son chauffeur pour ses quatre ans de bons et loyaux services, lui donna un cadeau d'adieu de 300 000 roupies (5 000 dollars), puis s'évanouit dans la nature en compagnie d'une vingtaine de gardes du corps arabes...

« Manque de programmation tactique, refus du terrain, sous-traitance à des alliés pas fiables », voici comment Majeed Babar nous résume l'échec américain à Tora-Bora.

Manque de programmation : c'est un unique officier des forces spéciales américaines, le fameux Greg, qui va financer et improviser l'assaut terrestre de Tora-Bora. Or, cet officier, qui n'a pour toute expérience afghane que quelques semaines passées au Panchir avec les hommes de l'Alliance du Nord, ne connaît rien au contexte historique, tribal et politique de la région de Djallalabad. Les Afghans se souviennent avec effroi que lorsque la première offre de reddition parvint de Tora-Bora, Greg, très excité, ne faisait que hurler dans son talkie-walkie : « *Shoot them all! Shoot them all!* »

Refus du terrain : le bon sens aurait voulu que les Américains, au minimum, bouclent hermétiquement eux-mêmes la zone de Tora-Bora, avant d'y lancer leurs « alliés » afghans à l'attaque. L'état-major du général Franks disposait déjà à l'époque sur le théâtre d'opération les forces d'infanterie nécessaires : prépositionnée depuis le mois d'octobre, la 10e Division de montagne campait en Ouzbékistan sans rien faire. Au début de l'attaque de Tora-Bora, même les forces spéciales en dehors de Greg sont absentes du terrain. Il faut attendre le 6 décembre 2001 pour qu'un détachement de quatre hommes arrive en renfort à Djallalabad. Le 11 décembre, nouveau renfort : 18 soldats américains, répartis en trois équipes (rouge, bleue et argent), s'installent dans l'école du village d'Agam, puis louent des mules pour monter vers Tora-Bora, afin de guider les bombardements aériens. Il est de toute façon trop tard, Ben Laden s'est déjà échappé.

Sous-traitance à des alliés pas fiables : les Américains ont confié l'assaut terrestre du massif de Tora-Bora à des commandants afghans qui s'entendaient très mal entre eux et qui, de surcroît, poursuivaient avant tout leurs propres intérêts, pas obligatoirement compatibles avec ceux de l'état-major de Tampa (le « Centcom » du général Tommy Franks).

Au début du mois de décembre 2001, en pleine bataille, un commandant respecté de Djallalabad nommé Mudjahid Khales, se rend, pendant la nuit, avec une douzaine de véhicules 4×4, dans le massif de Tora-Bora, afin d'exfiltrer vers les zones tribales pakistanaises le plus grand nombre possible de combattants arabes. Personne ne songera même à l'inquiéter : il est intouchable car il est le fils du vieux cheikh Younes Khales, le chef historique du Hezb Islami, l'un des sept grands partis de la résistance afghane contre l'Armée rouge. Younes Khales, jadis très proche des Saoudiens, est l'homme qui invita Ben Laden à s'installer à Djallalabad en mai 1996 (quelques mois avant la prise du pouvoir par les talibans), et qui négocia, le 12 novembre 2001, la transition sans effusion de sang entre le pouvoir taliban et les nouveaux arrivants. Hadji Kadir, le chef pachtoune qui assumera les fonctions de gouverneur de Djallalabad juste après le départ des talibans, appartient d'ailleurs au parti de Younes Khales. Autant de subtilités qui échappèrent totalement aux Américains…

La fuite réussie de nombreux combattants d'Al-Qaida à travers les zones tribales pakistanaises est un fait avéré. Certains sont retournés depuis dans les montagnes de l'est de l'Afghanistan, d'autres ont poursuivi vers le Pakistan central, comme Abu Zubaydah, l'ancien chef des opérations de Ben Laden, qui fut arrêté en mars 2002 dans une villa d'un quartier résidentiel de la grande ville de Faisalabad. Localisé par les services d'écoutes américains après un malencontreux coup de téléphone portable, Zubaydah fut appréhendé lors d'une opération conjointe du FBI et de la police pakistanaise. La confiance entre alliés étant ce qu'elle est, les limiers américains ne révélèrent le nom de leur proie à leurs collègues pakistanais qu'au moment de l'assaut final. En outre, par peur d'une indiscrétion, les Américains brouillèrent toutes les fréquences utilisées par la police pakistanaise…

Mais, à l'évidence, la majorité des combattants d'Al-Qaida sont restés tout simplement dans les zones tribales pakistanaises, comme le prouvent, au moment où nous nous trouvons à Peshawar, les bombardements à la roquette visant le collège technique de la bourgade de Miram Shah (Waziristan), qui abrite un petit contingent de forces spéciales américaines.

Le brillant exposé du journaliste Majeed Babar m'a mis les idées en place. Il est temps pour moi de remonter dans ma chambre du Pearl Continental, et d'écrire mon article sur mon ordinateur portable. J'étale devant moi mes carnets à spirales, recopiant presque linéairement les notes que j'ai prises, au crayon, au cours de ces dernières semaines. Les phrases coulent facilement, entrecoupées de gorgées de thé et de bouffées de cigarettes « State Express 555 ». Dopé par l'excitation du récit, je ne ressens pas la fatigue. Ça y est, c'est fini. Par habitude, je relis une fois le texte à la va-vite, tout en sachant pertinemment qu'on ne peut soi-même juger de la qualité d'un reportage qu'après avoir laissé passer au minimum un ou deux mois.

L'heure est venue de transmettre. Il est près de minuit. Je descends dans le parc de l'hôtel, l'ordinateur et le téléphone satellite sous le bras. Je trouve un endroit où les arbres ne me cachent pas le ciel, fourmillant d'étoiles. A l'aide d'une boussole, j'oriente l'antenne vers le satellite géostationnaire de l'océan Indien. Les diodes s'allument, m'indiquant que j'ai réussi à capter le satellite. Je branche un cordon entre l'ordinateur et le corps de la petite valise du téléphone satellitaire. J'appuie ensuite sur la touche « Transmettre », et l'écran de l'ordinateur me répond par un diagramme représentant la progression de la transmission des octets. Deux minutes plus tard, l'écran affiche « Transmission réussie », signalant que l'ordinateur central du *Figaro* a bien reçu le texte. C'est jouissif.

En remballant tout mon matériel dans ce parc désert, je me souvins avec émotion du premier reportage que j'avais transmis de Peshawar, seize ans plus tôt, à l'été 1986. A cette époque préhistorique des moyens de communication, transmettre un article représentait une épopée. Eric et moi, de retour d'un périple à pied de plusieurs semaines en Afghanistan avec les moudjahidine qui combattaient l'envahisseur soviétique, nous nous étions installés dans un bungalow du Dean's, vieil hôtel colonial britannique, où des serveurs en veste blanche amidonnée vous apportaient encore de grandes bouteilles de bière bien fraîche dans votre chambre, ventilée du plafond par les pales d'un appareil hors d'âge. En ce temps-là, les Occidentaux étaient traités comme des rois à Peshawar.

Mais, bien sûr, le téléphone international n'y marchait pas. Nous nous sentions presque aussi coupés du monde que dans les vallées afghanes que nous venions de quitter. Un voyageur anglais descendu à l'hôtel nous signala, le lendemain de notre arrivée, l'existence en ville d'un bureau de poste restante, où s'entassaient les télégrammes envoyés de l'étranger. Le soir, nous décidâmes d'y faire un tour. C'était une cahute, où régnait un désordre indescriptible. Par acquit de conscience, nous nous mîmes à fouiller dans le tas des télégrammes qui semblaient le plus frais. Surprise, il y en avait un qui m'était destiné, envoyé comme une bouteille à la mer par le directeur de la rédaction du *Figaro*. « Prière envoyer reportage au plus vite, pour publication immédiate. Amitiés, Max Clos. »

Le lendemain, je me levai à l'aube et me mis à écrire fébrilement sur un grand cahier d'écolier. A l'époque, j'écrivais encore mes reportages au stylo plume, pour les dicter ensuite par téléphone aux sténos de presse. Ce n'est qu'au milieu des années 90 que je me suis converti à l'ordinateur portable.

A midi les onze feuillets du reportage étaient à peu près griffonnés – unité de compte du journalisme français, le feuillet est une page de 25 lignes de soixante signes chacune. Il était prévu que l'article occupât toute la page 2 du journal – qui, en ce temps-là, avait un format bien supérieur à celui d'aujourd'hui. Mais comment le faire passer en l'absence de ligne de téléphone internationale ? Nous nous ruâmes vers le bureau d'un journaliste pakistanais, correspondant intermittent de l'AFP pour son fil anglais. Il nous proposa le secours d'un vieux télex, au clavier anglo-saxon. Il fallait marteler très fort chaque lettre, tant l'appareil était grippé. Le calvaire dura jusqu'au soir.

La révolution des moyens de communication a profondément changé les conditions de vie sur le terrain du reporter de guerre. Lors de mon premier séjour en Afghanistan, je n'avais pas pu donner la moindre nouvelle de moi à ma famille ou à ma rédaction. Lors du dernier, je recevais des appels sur mon cellulaire aussi nettement et facilement que si je n'avais pas quitté Paris.

Au début du mois d'août 2006, j'avais réussi à accompagner une section de soldats d'élite israéliens au Sud-Liban, au plus fort de la guerre que menait l'Etat hébreu aux guérilleros islamistes du Hezbollah. Par impréparation de l'état-major de Tsahal, ces Golani s'étaient retrouvés coincés dans un petit village chiite désert, à court de vivres, d'instructions claires et de renseignements fiables sur les positions d'un ennemi qui semblait insaisissable. Leurs blindés n'étaient d'aucun secours, car c'étaient des cibles trop faciles pour les missiles filo-guidés des miliciens du Hezbollah, capables de rester huit jours cachés dans un trou sans bouger, en attendant la bonne aubaine. Seul journaliste non israélien à être présent parmi les troupes de Tsahal en incursion au Liban, j'avais la chance de me trouver au milieu du plus grand fiasco militaire israélien depuis la guerre du Kippour. J'étais très excité et j'avais hâte de témoigner ! Ce matin-là, il me suffit de sortir mon cellulaire de la poche de mon treillis, de constater qu'il captait les émetteurs israéliens des collines du nord de la Galilée, et d'appeler une amie, rédacteur en chef à France Info. « T'es là-bas ? Je te passe tout de suite en studio, et tu nous racontes ce que tu vois… » me répondit-elle, excitée à son tour. Ce court reportage improvisé passa en boucle toute la journée sur France Info. Quant au long article que j'écrivis dans la foulée sur mon ordinateur portable, assis à l'abri d'un muret à l'ombre d'un olivier, je n'eus aucun mal non plus à le transmettre au *Figaro*. Il me suffit d'activer la fonction « blue tooth » du même cellulaire. Je n'étais d'ailleurs pas le seul, dans cette section commandée par un lieutenant de 22 ans, à jouer du cellulaire. Entre deux coups de feu, les jeunes soldats de Tsahal passaient leur temps à appeler leurs petites amies et leurs mamans…

Au cours de cette expédition chaotique dans le Hezbollah land, je n'ai pas pu m'empêcher, bizarrement, de songer à celle de Fabrice à Waterloo. Le récit de Stendhal aurait-il eu la même poésie, si le jeune Milanais avait été dérangé par un appel sur son cellulaire en provenance de la Sanseverina, sa tante chérie ?

*

* *

Le lendemain matin, prenant notre petit-déjeuner dans le restaurant du Pearl Continental de Peshawar, Eric, Gérard et moi sommes subitement pris d'un désir de balade. Nous avons maintenant envie de faire notre propre petit tour dans les zones tribales. Mais comment faire ? Elles sont strictement interdites aux étrangers.

Nous trouvons la solution auprès d'un grand chef religieux et tribal de Peshawar, que nous avions interviewé, Noor ul Aq. A la fin d'un nouveau dîner que nous partageons avec lui, assis en tailleur sur le tapis du salon d'honneur de sa *madrasa*, le cheikh accepte de nous faire emmener à une autre école coranique, qu'il patronne, en plein centre des zones tribales. Aucun policier pakistanais n'osera arrêter ses grosses voitures 4×4 à l'immatriculation bien connue, pour scruter le visage des passagers assis à l'arrière, tapis derrière d'épais rideaux bleu roi recouvrant les vitres.

Après avoir quitté la route montant vers la célèbre passe de Khyber, nous nous enfonçons, à travers les lacets d'une minuscule route non goudronnée, dans une zone quasi désertique, jusqu'à un village de 1 500 âmes, nommé Sultan Khel. Interdite aux étrangers, la zone est également vide de tout représentant du gouvernement pakistanais. En vertu d'accords remontant à l'époque de l'Empire britannique, les zones tribales s'administrent seules et selon leurs propres coutumes pachtounes.

Sultan Khel ne ressemble en rien à une bourgade européenne, ou même à un village des plaines alluviales pakistanaises. Pas le moindre pavillon, pas le moindre immeuble, pas la moindre boutique. Ce n'est qu'une succession de fortins entourés de hauts murs en pisé. Chacun est habité par une famille élargie, par un sous-clan tribal. De la route, il est impossible de deviner ce qui se passe derrière ces hautes murailles aveugles. Tel fortin pourrait très bien abriter des membres d'Al-Qaida sans que personne n'en sache rien. Même la *madrasa*, où 200 garçonnets assis en tailleur apprennent par cœur, mais sans le comprendre, le Coran en arabe, a son portail bien fermé, qu'elle n'ouvre à l'étranger que parce qu'il a été recommandé et annoncé.

Par appétit touristique, nous décidons ensuite de faire un détour par le poste-frontière mythique de la passe de Khyber. Dans une tchaï-khana (maison de thé), nous rencontrons un Pachtoune élégant, vêtu d'un charwal-kamis d'un blanc impeccable, homme d'une quarantaine d'années, qui se présente à nous comme un ingénieur venu « pour business » (sans doute du matériel à dédouaner) et qui parle un anglais parfait. Lorsque nous l'interrogeons, il n'hésite pas une seconde à nous livrer ses sentiments. « Si je trouvais Ben Laden sur le seuil de ma maison, bien sûr que je l'hébergerais ! Et autant de temps qu'il le souhaiterait ! Il serait mon hôte et je le protégerais de mon mieux, comme m'y oblige notre code d'honneur, le *pachtounwali* », nous confie-t-il en souriant modestement. Dans ces conditions, nous comprenons alors que la capture de Ben Laden dans les zones tribales pakistanaises tient de la gageure.

A notre retour à Islamabad, la très résidentielle capitale administrative du Pakistan, nous constatons avec effroi que, là aussi, la popularité du cheikh saoudien Ben Laden gagne en importance. A la pointe nord du quartier F7, en bordure des collines verdoyantes de Margalla, à moins de 300 mètres d'une avenue bordée de vastes résidences de diplomates, Eric, Gérard et moi nous rendons, sans avoir pris rendez-vous, à la *madrasa* Faridiya, fondée par le mollah Abdullah. Célèbre dans tout le pays pour ses prêches élogieux à l'égard d'Oussama Ben Laden, le mollah s'était rendu à Kandahar au printemps 1998, à l'invitation de son idole. Quatre mois plus tard, il était abattu par de mystérieux tueurs en moto, à la sortie de sa *madrasa*.

Son fils Abdul Rashid, qui reçut une lettre de condoléances écrite de la main même de Ben Laden, a repris le flambeau. La *madrasa*, qui accueille déjà 600 élèves, est tellement populaire qu'on y construit une seconde aile. Devant une dizaine de petits prodiges qu'il a fait venir dans son bureau, gosses aux yeux tristes et à la discipline impeccable, Abdul Rashid vante d'une voix très douce le « miracle du Coran, le seul livre qu'un enfant de 12 ans puisse mémoriser sans faute ». Les talibans ? « Le seul régime qui fut capable d'apporter la paix et la sécurité aux Afghans. L'Occident ne les déteste que parce qu'ils ont eu le courage de refuser la suprématie de l'Amérique sur le monde », nous répond le mollah. Le président Moucharraf ? « Il s'est rendu sur un simple coup de fil. Ses canons ne sont pointés que sur nous, les Pakistanais… »

En sortant de cette *madrasa*, nous nous sommes fait notre idée. Parce qu'il a osé défier spectaculairement les Etats-Unis, Oussama Ben Laden est devenu un dieu vivant pour des dizaines de millions de musulmans du sous-continent. Et il y a maintenant une nouvelle génération d'Afghans et de Pakistanais qui ne sont pas prêts à trahir leur héros, même pour 25 millions de dollars.

Dans l'airbus de la PIA qui nous ramène à Paris, alors que j'ai sorti mon ordinateur pour écrire, nous jouons à trouver la leçon à retenir de notre long séjour sur le territoire où Ben Laden est devenu un dieu. Nous mettons moins de cinq minutes à la formuler : les Américains, qui l'avaient oublié depuis la fin de la guerre froide, sont en train de redécouvrir que l'idéologie peut être bien plus puissante que l'argent…

CHAPITRE 8

Quand et comment sortir d'Afghanistan ?

Commencé par une promenade au jardin du Luxembourg, le destin de ce livre était de s'achever par un déjeuner dans ce même palais, fait de calme, de luxe, d'austère volupté, si loin du Kaboul barricadé et poussiéreux de la guerre.

Matin ensoleillé du vendredi 25 juin 2010. En ouvrant mes mails, je trouve un message d'encouragement de mon vieil ami Christian Destremau, bon connaisseur de l'Afghanistan. Grand bourgeois cultivé, sportif, anglophile et distingué, Christian a longtemps été le secrétaire général de l'Afrane, une association de chercheurs et d'érudits amoureux de la culture afghane. Au milieu des années 80, il séjourne à Peshawar et se rend clandestinement à plusieurs reprises dans l'Afghanistan occupé par les Soviétiques. A Peshawar, lors de mon retour de ma première équipée afghane, Christian m'avait invité à dîner au Club américain – qui aujourd'hui n'existe plus bien sûr. Le lendemain, il me présentait au célèbre professeur Majrooh, dont j'ai parlé précédemment. Depuis, Christian est devenu historien (notamment de la Seconde Guerre mondiale), mais il soutient toujours une organisation humanitaire agricole travaillant entre Kaboul et Djallalabad. Je l'appelle pour l'inviter à déjeuner au restaurant du Sénat, désireux de lui confier ma perplexité quant au limogeage du général McChrystal, qui s'est produit l'avant-veille.

La cause du renvoi par Obama de ce soldat, l'un des rares militaires américains de haut rang « chimiquement pur », m'apparaît dérisoire. La publication d'un long article dans le magazine *Rolling Stone*, rédigé par un reporter indépendant ayant été admis à suivre, comme une petite souris, l'état-major de McChrystal pendant plus d'un mois – dans ses visites aux troupes sur le terrain afghan comme dans son voyage en Europe –, a provoqué la colère de la Maison Blanche. Comme dans toute organisation humaine, fût-elle soumise à la plus stricte hiérarchie, il arrive que le soir, réunis autour d'une bière, les hommes se lâchent entre eux, plaisantant sur tout ou rien, y compris sur leurs autorités politiques. Souffrant de l'indéniable indécision stratégique régnant à Washington, les guerriers entourant McChrystal traitent parfois de « *clown* » le général Jones (ancien commandant en chef de l'Otan en Europe et aujourd'hui conseiller pour la sécurité nationale à la Maison Blanche), ou fustigent l'Isaf qu'ils ont trouvé à Kaboul au mois de juin 2009, traduisant l'acronyme par « *In Sandals And Flip-flops* ». Le vice-président Joe Biden en prend aussi pour son grade, que ces officiers surnomment entre eux « *Bite me* ». Le problème est que, dans ce long article par ailleurs fort intéressant, le reporter publie intégralement tous ces propos de popote. Comment l'état-major de McChrystal a-t-il pu admettre en son sein un journaliste aussi longtemps, sans exiger de relire intégralement l'article avant publication ? Le reporter qui, dans son papier, montre une réelle empathie pour le général, était-il conscient qu'en le publiant tel quel, il signait la fin de la carrière militaire de McChrystal ? Je n'en sais rien. McChrystal était, il est vrai, un soldat, et pas un familier des médias, ni un « *spin doctor* » des relations publiques…

A l'annonce de sa convocation à Washington par Obama, je prends le pari que le président morigénera son général, mais lui pardonnera, comme Roosevelt l'avait fait avec Patton, ou de Gaulle avec Massu. Je me suis trompé.

A l'évidence, Obama n'est pas un homme aussi sûr de lui, aussi conscient de son autorité naturelle que pouvaient l'être le Roosevelt de 1944 ou le de Gaulle de 1960. Après avoir souligné la nécessaire suprématie du pouvoir civil sur le militaire, mais après avoir aussi, élégamment, remercié McChrystal pour son service au pays, Obama annonce, dans une allocution tenue dans la roseraie de la Maison Blanche, son remplacement par le général Petraeus, supérieur et ami de McChrystal, ancien grand ordonnateur du « *surge* » (sursaut militaire) en Irak des années 2006-2007, et chef du Centcom (commandant en chef du « théâtre central », s'étendant du Levant à l'Asie centrale). A la différence de McChrystal, le général Petraeus a un sens inné des relations publiques et de la manière de faire de la politique à Washington.

Je pense que le limogeage de McChrystal est une perte pour l'Otan en Afghanistan. Ce général était respecté à la fois par ses hommes et par ses alliés, qu'ils fussent soldats de l'Otan ou de l'armée nationale afghane. De surcroît, il avait su tisser des liens de confiance avec le président Karzaï, comme avec le général Kayani, patron de l'armée pakistanaise. Dommage qu'on n'ait pas laissé à ce Patton des temps modernes le temps qu'il avait demandé – deux ans – pour appliquer sa stratégie de contre-insurrection.

Evénement très médiatisé, la chute de McChrystal va naturellement provoquer immédiatement un grand débat sur le bien-fondé de cette guerre en général. Christian et moi passons notre déjeuner à en discuter. A la fin, je me suis fait une conviction : l'heure n'est pas venue pour les Occidentaux de quitter l'Afghanistan.

Certes, je constate qu'en Occident, que ce soit en Europe ou en Amérique, de plus en plus nombreuses sont les voix qui, dans les enceintes parlementaires, au sein des sociétés civiles, ou même dans certains cercles militaires, s'élèvent pour préconiser un retrait d'Afghanistan.

Elles fustigent une « guerre coloniale vouée à l'échec » ; elles font la comparaison avec l'occupation soviétique du pays (1980-1988) ; elles pleurent les « morts inutiles » (100 soldats de l'Otan ont trouvé la mort dans ce pays montagneux plus grand que la France au cours du seul mois de juin 2010) ; elles ironisent sur le « puits sans fond de l'aide au développement » (35 milliards de dollars d'aide internationale dépensés depuis 2002).

Je sais que ces critiques ne sont pas sans fondement. Que l'Occident soit maladroit quand il tente de stabiliser un pays lointain dont il ignore au départ les langues, la culture et les mœurs, c'est une évidence. Que nos armées, formées pendant un demi-siècle à dissuader une agression classique venue de la Russie communiste, soient mal préparées aux guerres asymétriques du XXIe siècle, c'est une autre évidence.

C'est vrai que les Américains sont partis dans cette aventure sans stratégie claire (faire la guerre pour gagner quoi), ni tactique efficace (comment combattre des talibans noyés dans la population pachtoune). Mais depuis quand les Occidentaux seraient-ils incapables d'apprendre, et de s'adapter à une réalité géopolitique nouvelle ? Veut-on laisser aux Chinois ce pays recelant d'immenses richesses minières ?

En Afghanistan, le plan de bataille mis au point par McChrystal – que compte poursuivre le général Petraeus – tient pleinement compte des erreurs passées. Le recours à l'arme aérienne

– contreproductive en raison des inévitables bavures qu'elle provoque au sein de la population civile – est devenu exceptionnel. La priorité n'est plus de tuer le plus d'insurgés possible, mais de mettre l'accent sur la protection de la population dans le pays utile, les plaines et les vallées cultivables. Il s'agit d'occuper le terrain, de le confier ensuite à l'armée afghane, de susciter enfin des projets de développement (forage de puits, réhabilitation du réseau ancestral d'irrigation par canaux des cultures en terrasse, construction d'écoles et de dispensaires).

Le premier essai, réalisé en février 2010 dans le bastion taliban de Marjah (nœud du trafic de drogue dans la province du Helmand), ne m'a certes pas paru conclusif. Annoncée à l'avance, cette vaste opération de ratissage, menée par quelque 10 000 soldats américains et 3 000 britanniques, a frappé dans le vide : les talibans se sont évanouis dans la nature pour laisser passer la herse, mais sont revenus petit à petit, une fois les soldats de l'Otan partis. L'armée afghane n'a toujours pas atteint le niveau qu'avait celle de Najibullah en 1989, au départ des Soviétiques. Bunkérisés dans leurs bases climatisées, les 150 000 soldats que compte l'Otan en

Afghanistan depuis l'été 2010, n'ont toujours pas réussi à trouver des partenaires militaires locaux à la fois fiables et efficaces. Il est vrai qu'Obama leur a lancé le plus mauvais message, lorsqu'il a annoncé, à l'été 2009, un début de retrait américain pour l'été 2011. « Je m'inquiète de la perception que vont avoir nos amis et nos ennemis, et surtout le peuple afghan, quant à la solidité de notre engagement », a déclaré, me semble-t-il avec justesse, le sénateur McCain, le 4 juillet 2010, jour de l'entrée en fonction du général Petraeus sur le théâtre afghan. Il faut définir des « conditions de base » pour un éventuel retrait et non décider d'une « date de retrait », a insisté le candidat malheureux à l'élection présidentielle américaine de 2008, avant d'ajouter : « Si vous dites à votre ennemi que vous partez à une certaine date, alors il va simplement attendre patiemment que vous partiez ! »

Après avoir pris congé de Christian devant la belle façade Renaissance du palais du Luxembourg inondée de soleil, je retourne réfléchir tranquillement chez moi, à l'ombre des persiennes. Trois raisons me paraissent inciter à ne pas abandonner l'Afghanistan à son sort.

La première est morale. Pour battre l'Armée rouge d'occupation, pour gagner la guerre froide, l'Amérique de Reagan a – consciemment ou inconsciemment, peu importe – libéré des forces religieuses qui, jusqu'alors, ne s'exprimaient que fort peu en Asie centrale et dans le sous-continent indien.

En finançant et en armant – par le biais des services secrets pakistanais et saoudiens – les mouvements de moudjahidine les plus islamistes, Washington est parvenu à ses fins. Mais une fois l'URSS défaite, les Américains ont négligé de faire rentrer dans la boîte de Pandore les forces qu'ils avaient déchaînées en Afghanistan et dans les zones tribales pakistanaises.

La deuxième raison relève de l'intérêt bien compris. Veut-on que l'Afghanistan redevienne une terre d'entraînement pour tous les terroristes islamistes de la planète, une sorte de trou noir capable de déstabiliser le Pakistan voisin, pays doté de l'arme nucléaire ? En partant tout de suite, la queue basse, d'Afghanistan, quel message enverrions-nous aux populations du Pakistan, de l'Iran, des pétromonarchies du Golfe, des anciennes républiques musulmanes soviétiques voisines, tous pays remués par de forts courants islamistes ?

La troisième raison est historique. A chaque fois que les Occidentaux ont abandonné un terrain dans la panique, ils s'en sont mordu les doigts. En 1974, les Américains ont lâché leurs alliés sud-vietnamiens, au mépris des accords écrits qu'ils avaient signés avec eux. Le génocide au Cambodge, le calvaire des boat people vietnamiens, l'expansionnisme soviétique en Angola, au Mozambique, en Afghanistan, en furent les conséquences directes.

Commencer une guerre sans prendre le temps de réfléchir, sans se soumettre à la plus stricte honnêteté intellectuelle, sans consulter ses alliés, est toujours une erreur. Ce fut le cas du Vietnam, où l'escalade américaine s'est faite petit à petit, sans que le président Kennedy – qui commença cette guerre – ait pris la peine de penser une stratégie à long terme et de la soumettre au tamis de ses experts et de ses alliés. Les deux guerres préventives – on devrait plutôt dire punitives – déclenchées par le président George W. Bush sont le fruit de processus de décisions profondément viciés.

Dans le cas de l'Afghanistan (guerre déclenchée le 7 octobre 2001), le processus de décision me semble avoir été entaché de trois péchés capitaux (en géopolitique) : l'émotion ; la précipitation ; l'ubris. L'émotion c'est d'avoir pris un acte criminel chanceux (les attentats du 11 Septembre) pour une attaque stratégique type Pearl Harbour. La précipitation, c'est de ne pas avoir pris le temps de pourparlers directs avec le régime du mollah Omar. L'ubris (l'esprit de démesure fustigé par les Grecs anciens), c'est d'avoir été enivré par le succès indéniable que fut la prise rapide de Kaboul (13 novembre 2001) par l'Alliance du Nord et d'avoir ensuite promis l'infaisable à la conférence de Bonn : reconstruction, démocratisation, et développement économique de l'Afghanistan.

Dans le cas de l'Irak (invasion déclenchée le 20 mars 2003, qui a détourné les Américains de leur intérêt pour l'Afghanistan), le processus de décision a été entaché de trois autres péchés capitaux, que j'estime légèrement différents de ceux du cas afghan : la pulsion de vengeance ; le rêve idéologique ; l'autisme intellectuel. La pulsion de vengeance, elle est exprimée par Paul Wolfowitz, lors de la première réunion dans le Bureau Ovale de la Maison Blanche après les attentats : le sous-secrétaire à la Défense veut la peau de Saddam Hussein, quand bien même l'Irak n'a strictement rien à voir avec les terroristes islamistes (tous venus de pays musulmans alliés des Etats-Unis). Mais frapper sur de simples « bergers » afghans ne suffit pas à assouvir la pulsion de vengeance ; pour laver l'affront du 11 Septembre, il faut détruire un vrai pays. Que le régime irakien ait une longue tradition de laïcisme féroce n'entre même pas en compte. Le rêve idéologique, c'est de croire que l'établissement de la démocratie en Irak va soigner, par une sorte de contagion vertueuse, tous les maux politiques du Moyen-Orient, et provoquer la paix avec Israël.

L'autisme intellectuel, c'est de refuser d'examiner en profondeur les arguments de vieux alliés tels que la France et l'Allemagne, pays pourtant pas totalement ignorants des réalités de la région. C'est aussi de refuser l'examen des différents scénarios possible de l'après-invasion, de ne pas prendre la peine d'établir un bilan coûts-avantages. Le scénario d'un Irak (majoritairement peuplé de chiites) tombant sous l'influence de l'Iran n'a même pas été envisagé par les intellectuels néoconservateurs entourant le président Bush.

La guerre généralisée n'a donc pas été la bonne réponse à la provocation de Ben Laden. Elle a accru l'antagonisme entre les valeurs occidentales et le monde arabo-musulman, alors qu'elle visait précisément à le réduire. Les Américains n'ont pas compris que le « *soft power* » de leur culture, véhiculée comme jamais dans l'Histoire grâce à Internet, était beaucoup plus efficace, et beaucoup moins coûteux, que le déploiement massif de leurs armées en terres étrangères. Si les talibans avaient tardé à mettre de l'ordre dans leur pays et à chasser les combattants arabes internationalistes réfugiés chez eux, les camps de ces derniers auraient facilement pu être détruits par des raids héliportés de commandos des forces spéciales américaines, venus des bases militaires du Pakistan voisin. Les lourdes expéditions d'Afghanistan et d'Irak ont déjà coûté plus de 1 000 milliards de dollars au contribuable américain, aux dires mêmes du président Obama. Qui plus est, ces aventures militaires ont, par leur manque de succès, singulièrement affaibli le pouvoir de dissuasion des Etats-Unis face à leurs ennemis potentiel (pouvoir de dissuasion qui était immense après l'éclatante victoire de la guerre du Golfe de janvier-février 1991).

Je me mets à rêver. J'imagine que la moitié seulement de cet argent ait été dépensé pour des causes universelles, comme le développement de l'Afrique, la lutte pour le respect de l'environnement, ou la régulation des mers (bannissement de la surpêche, sécurisation des grandes voies maritimes, encadrement drastique de l'exploitation pétrolière). Je me dis que l'Amérique jouirait actuellement d'une influence mondiale bien supérieure à la sienne.

Mais il est vain de refaire l'Histoire. Je pense donc qu'il faut prendre les choses telles qu'elles sont aujourd'hui. Imprudemment, l'Occident s'est largement investi en Afghanistan. Il est donc condamné à y réussir un minimum. Bien sûr, je sais que tout n'est pas vert en Afghanistan. Mais lorsque, pendant mon dernier séjour, je me suis promené dans la plaine de Chamali, que j'y ai contemplé tous ces vergers refleuris, toutes ces belles fermes reconstruites, j'ai physiquement mesuré le progrès considérable réalisé depuis l'époque des talibans. Pour moi, en Afghanistan, les défaitistes stigmatisent à l'envi la partie du verre à moitié vide, ignorant systématiquement la partie à moitié pleine.

Ce sera la tâche du général Petraeus que de définir ce minimum et de le faire approuver par les autorités politiques de son pays. Tant que ce minimum (un Etat capable de se défendre et de prévenir la déstabilisation de ses voisins régionaux) n'aura pas été atteint, nous ne pourrons pas envisager de partir, nous ne pourrons pas donner de date de départ. La défaite et le déshonneur – je songe alors à toutes les promesses qui ont été faites aux élites afghanes pro-occidentales – ne me paraissent pas être une véritable option pour l'Otan. La rechute de Kaboul aux mains des talibans aurait de trop lourdes répercussions morales, diplomatiques et stratégiques pour les Occidentaux.

N'ajoutons pas, comme au Vietnam, une deuxième erreur à une erreur initiale. L'engagement massif et irénique de l'Occident en Afghanistan fut certes une erreur. Mais un départ précipité en serait une aussi, sans doute encore plus grave.

La prochaine fois que je retournerai à Peshawar, j'espère que je pourrai à nouveau y marcher la tête haute.

TABLE

Cet ouvrage a été composé par IGS-CP
à L'Isle-d'Espagnac (16)

Cet ouvrage a été achevé d'imprimer sur Roto-Page
par l'Imprimerie Floch
à Mayenne en septembre 2010

N° d'édition : 16382 – N° d'impression : 77664
Dépôt légal : octobre 2010
Imprimé en France